Franz von Holtzendorff.

Die

Psychologie

des

Mordes

Nach dem Original von 1875
herausgegeben von Hansjörg Walther.

Libera Media

2015

ISBN-13: 978-1516888412

ISBN-10: 1516888413

Inhalt

Einleitung

Der Autor

Franz von Holtzendorff wurde am 14. Oktober 1829 in Vietmannsdorf in der Uckermarck geboren. Ihm war der politische und gesellschaftliche Einsatz gewissermaßen in die Wiege gelegt, denn sein Vater, ebenfalls mit Namen Franz von Holtzendorff (1804-1871), war ein liberaler Politiker, der bereits im Vormärz für Reformen eintrat, wie etwa eine Volksvertretung für den Deutschen Bund. Das brachte ihm die Ablehnung seiner adeligen Standesgenossen ein und Verfolgung durch die Regierung. Erst 1848 wurde er amnestiert und rehabilitiert. Während der Revolutionszeit gehörte der Vater dann dem von Wilhelm

Lette (1799-1868) geleiteten *„Constitutionellen Club"* an. Später verfolgte er wohltätige Zwecke, etwa im Fröbel-, Unions- und Gustav-Adolph-Verein.

Der Sohn Franz von Holtzendorff wuchs auf dem Gut der Familie auf und ging dann auf die Schule des Grauen Klosters in Berlin und die Fürstenschule Schulpforta, wobei seine Begabung für Sprachen schon frühzeitig auffiel. Im Jahr 1848 nahm er das Studium der Rechtswissenschaften an der Universität Berlin auf. Nach Aufenthalten in Heidelberg und Bonn promovierte er schließlich 1852 in Berlin über eine zivilrechtliche Fragestellung. Anschließend nahm er den gerichtlichen Vorbereitungsdienst auf.

Bereits in seiner Studienzeit bereiste Franz von Holtzendorff England und Italien, was er zu rechtlichen und volkswirtschaftlichen Studien nutzte. Im Jahre 1857 habilitierte er sich dann an der Universität Berlin mit der Arbeit *„De causis poenae mitigandae"* (Über die Gründe, aus denen Strafen gemildert werden sollten). Mittlerweile hatte sich sein Schwerpunkt auf das Gebiet des Strafrechts verlagert und hier besonders auf das Gebiet des Strafvollzugswesen.

Zu diesem Themenkreis veröffentlichte Franz von Holtzendorff im Jahre 1859 zwei Monographien mit dem Titeln: *„Die Deportation als Strafmittel in alter und neuer Zeit und die Verbrechercolonien der Engländer und Franzosen in ihrer geschichtlichen Entwicklung und criminalpolitischen Bedeutung dargestellt"* und *„Französische Rechtszustände, insbesondere die Resultate der Strafrechtspflege in Frankreich und die Zwangscolonisation von Cayenne"*. Im selben Jahre befaßte er sich in einer kontrovers diskutierten Schrift auch mit dem Strafvollzug in Irland: *„Das irische Gefängnißsystem, insbesondere die Zwischenanstalten vor der Entlassung der Sträflinge"*. 1864 kam er auf das Thema mit dem Aufsatz zurück: *„Études sur le système pénitentiaire irlandais"* (Studien über das irische System des Strafvollzugs) und 1865 noch einmal mit der Schrift: *„Kritische Untersuchungen über die Grundsätze und Ergebnisse des irischen Strafvollzugs"*.

In eine ähnliche Richtung ging auch sein Buch von 1861: *„Die Kürzungsfähigkeit der Freiheitsstrafen und die bedingte Freilassung der Sträflinge in ihrem Verhältniß zum Strafmaß und zu den Strafzwecken"*. Hierin empfahl er, daß Strafen nachträglich bei guter Führung verkürzt werden könnten, ein Vorschlag, der in Sachsen aufgenommen wurde, aber ansonsten umstritten war. Daneben beschäftigte sich Franz von Holtzendorff auch mit anderen Themen, So veröffentlichter er etwa 1866 einen Vortrag zu Ehren von Richard Cobden (1804-1865), den er nach dessen Tode gehalten hatte[1]. Franz von Holtzendorff hatte den großen Freihändler während seines Aufenthalts in England in den 1850er Jahren persönlich kennengelernt.

---

[1] *Eine Neuausgabe erscheint bei Libera Media.*

Im Jahre 1860 war Franz von Holtzendorff außerordentlicher Professor geworden. Im selben Jahr regte er die Gründung des Deutschen Juristentags an, eine Idee, die schon bald in anderen Ländern Nachahmung fand. Ab 1861 gab er außerdem die von ihm begründete *„Allgemeine Deutsche Strafrechtszeitung"* heraus.

In den Jahren 1861 und 1862 kam es dann zu einer publizistischen Auseinandersetzung zwischen Franz von Holtzendorff und der Brüderschaft des Rauhen Hauses, eines von Johann Hinrich Wichern (1808–1881) gegründeten protestantischen Ordens, der sich halbstaatlich in den Gefängnissen betätigte. Es erschienen die Streitschriften *„Die Brüderschaft des Rauhen Hauses, ein protestantischer Orden im Staatsdienst"* 1861 und *„Der Brüder-Orden des Rauhen Hauses und sein Wirken in den Strafanstalten"* 1862, in denen Franz von Holtzendorff die Verquikkung von religiösen und staatlichen Funktionen rügte.

Im Jahre 1864 argumentierte Franz von Holtzendorff dann in seiner Schrift *„Die Reform der Staatsanwaltschaft in Deutschland"* gegen eine abhängige Staatsanwaltschaft, nicht zuletzt vor dem Hintergrund der Schikanen, die gegen die Opposition im Preußischen Verfassungskonflikt gerichtet wurden. Im Jahre 1865 nahm er diese Frage erneut mit dem Buch auf: *„Die Umgestaltung der Staatsanwaltschaft vom Standpunkt unabhängiger Strafjustiz und der Entwurf einer St.P.O. für den preußischen Staat"*.

Einleitung

Immer wieder hielt Franz von Holtzendorff neben seinen wissenschaftliche Arbeiten öffentliche Vorträge zu rechtlichen Fragen, die Themen wie die Todesstrafe, Kriminalpsychologie, Strafvollzug, die Geschichte des Völkerrechts oder die Rechte von Frauen[1] behandelten und oftmals wie die vorliegende Schrift in der Reihe *„Sammlung gemeinverständlicher wissenschaftlicher Vorträge"* erschienen, die er zusammen mit Rudolf Virchow herausgab.

Franz von Holtzendorff wartete lange auf eine Berufung als ordentlicher Professor an der Universität Berlin. Zwar erhielt er schließlich 1873 einen Ruf, doch der kam, kurz nachdem er sich entschieden hatte, ein Angebot der Universität München anzunehmen, wo er dann bis zu seinem Tode lehrte. In der Öffentlichkeit wurde Franz von Holtzendorff in jener Zeit allgemein bekannt, als er die Verteidigung des Grafen Harry von Arnim-Suckow mit übernahm.[2] In

---

[1] *So etwa: „Die Verbesserungen der gesellschaftlichen und wirthschaftlichen Stellung der Frauen" von 1867, Neuausgabe bei Libera Media.*

[2] *Graf Arnim war ab 1871 deutscher Botschafter in Frankreich. Im Jahre 1873 kam es zu Auseinandersetzungen mit Reichskanzler Bismarck, wobei man vermutete, daß Graf Arnim sich Hoffnungen auf dessen Amt machte. 1874 wurde der Botschafter auf Betreiben von Bismarck nach Konstantinopel versetzt. Er wehrte sich dagegen in der Presse, wobei herauskam, daß er Akten, die mit Bismarck zu tun hatten, mitgenommen hatte.*

Daraufhin wurde Graf Arnim verhaftet, in Berlin angeklagt und

dieselbe Zeit fällt auch seine Tätigkeit für das *„Institut du droit international"* in Gent, dessen erste Sitzung auf deutschem Boden er als Präsident leitete. In diesem Rahmen untersuchte er auch Themen wie etwa *„Die Auslieferung der Verbrecher und das Asylrecht"* oder *„Die Idee des ewigen Völkerfriedens".*[1]

Nach der Reichsgründung wurde das Rechtssystem in Deutschland schrittweise umgestaltet. Franz von Holtzendorff begleitete das als Herausgeber verschiedener Übersichtswerke, wie etwa der *„Encyclopädie der Rechtswissenschaft"* (erste Auflage 1870/71 und dann zahlreiche weitere Auflagen), dem *„Hand-*

---

in erster Instanz zu drei Monaten, in der Berufung zu neun Monaten verurteilt. Er floh vor Antritt der Strafe nach Nizza, von wo er sich wieder über die Presse zu seiner Angelegenheit äußerte. In Abwesenheit wurde er zu fünf Jahren Haft unter anderem wegen Landesverrats und Majestätsbeleidigung verurteilt. Graf Arnim starb 1881 in Nizza.

Bismarck legte dem Reichstag ein auf den Fall zugeschnittenes Gesetz über „Vertrauensbruch im auswärtigen Amt" vor (§ 353a), den sogenannten „Arnim-Paragraphen", der bis heute gilt. Die Vehemenz, mit der gegen den Grafen Arnim vorgegangen wurde, legte die Vermutung nahe, daß es sich auch um eine Racheaktion des Kanzlers handelte, der einen Konkurrenten damit ausschalten wollte. Franz von Holtzendorff übernahm das Mandat nicht aus Sympathie für den Angeklagten, sondern weil er Vorbehalte gegen die Rechtsstaatlichkeit des Vorgehens hatte.

[1] Jeweils aus dem Jahre 1881 und 1882, Neuausgabe bei Libera Media.

buch des deutschen Strafrechts in Einzelbeiträgen" in drei Bänden (erste Auflage 1871–1874), dem *„Handbuch des deutschen Strafproceßrechts in Einzelbeiträgen"* in zwei Bänden (erste Auflage 1877–1879), dem *„Handbuch des Völkerrechts"* in vier Bänden (erste Auflage 1885–89) und dem *„Handbuch des Gefängnißwesens in Einzelbeiträgen"* in zwei Bänden aus dem Jahre 1886. Außerdem gab er das *„Jahrbuch für Gesetzgebung, Verwaltung und Rechtspflege des Deutschen Reichs"* mit heraus (von 1871 bis 1876), die *„Materialien der deutschen Reichsverfassung"* in drei Bänden (1873) und das *„Repertorium des deutschen Reichstags"* (1872).

Er war zudem an der Begründung einer Reihe von Abhandlungen unter dem Titel *„Deutsche Zeit- und Streitfragen"* beteiligt, die sich ähnlich wie die *„Sammlung gemeinverständlicher wissenschaftlicher Vorträge"* an ein breites Publikum wandten. Ein Thema zu dem Franz von Holtzendorff immer wieder zurückkehrte, war dabei die Todesstrafe, für deren Abschaffung er sich einsetzte. In diesem Zusammenhang erschien auch die vorliegende Schrift über *„Die Psychologie des Mordes"* und die umfassende Abhandlung: *„Das Verbrechen des Mordes und die Todesstrafe"*[1].

---

[1] *Neuausgabe des Originals von 1875 bei Libera Media.*

An ausführlicheren Werken veröffentlichte Franz von Holtzendorff zudem 1879 das Buch *„Die Principien der Politik"* und 1884 *„Zeitglossen des gesunden Menschenverstandes"*. Hinzu kamen Reiseberichte wie *„Ein englischer Landsquire"* von 1877 oder die *„Schottischen Reiseskizzen"* von 1882.

Außer diesen literarischen und wissenschaftlichen Aktivitäten widmete sich Franz von Holtzendorff auch wohltätigen Zwecken. Er war an der Gründung und Leitung der Berliner Volksküchen beteiligt, wirkte an der Führung des Lette-Vereins zur Förderung der Erwerbsthätigkeit und höheren Bildung des weiblicen Geschlechts mit, half, das Victoria-Lyceums zu gründen, unterstützte den Berliner Handwerkerverein und den Vereins für Verbreitung von Volksbildung. Auf religiösem Gebiet war er an der Gründung des Protestantenvereins beteiligt sowie an der Herausgabe der *„Protestantenbibel Neuen Testaments"* mit Verbesserungen des Luthertextes (mehrere Auflagen ab 1872). Auch in seiner Münchener Zeit ab 1873 nahm sich Franz von Holtzendorff verschiedener wohltätiger Aktivitäten an. So unterstützte er den Münchener Volksbildungsvereins, kümmerte sich um die Reform der höheren Bildungsanstalten und regte die Bildung einer Juristenvereinigung an.

Durch seine Aufenthalte im Ausland, zahlreiche Kontakte mit befreundeten Wissenschaftlern und seine Werke, die in viele Sprachen übersetzt wurde, erwarb sich Franz von Holtzendorff internationale Anerkennung. Er schrieb etwa für den *„Economist"*, nahm an internationalen Kongressen teil und vertrat die Universität München 1888 bei der 700-Jahrfeier der Universität Bologna. Kurz vor seinem Tod konnte er noch erleben, daß in Italien die Todesstrafe abgeschafft wurde.

Franz von Holtzendorff starb noch nicht sechzigjährig am 4. Februar 1889 in München an einem Herzleiden.

Der Hintergrund

Die Todesstrafe gab es seit Menschengedenken. Sie schien allen Kulturen und Religion etwas Normales, ja sogar Notwendiges und Göttliches zu sein. Doch ab dem 18. Jahrhundert begann sich das im Zuge der Aufklärung zu ändern. So setzte die Kaiserin Elisabeth I. von Russland (1709–1762) die Todesstrafe aus. Und auch ihre Nachfolgerin Katharina die Große (1729-1796) wandte sich gegen die Todesstrafe außer in Ausnahmefällen.

In seinem berühmten Werk *„Dei delitti e delle pene"* (Von den Verbrechen und den Strafen) aus dem

Jahre 1764 argumentierte dann der italienische Rechtsphilosoph Cesare Beccaria (1738-1794), daß es nicht auf die Härte einer Strafe, sondern auf die Sicherheit ihrer Verhängung und die Konsequenz der Strafrechtspflege ankomme. Folter und Todesstrafe seien von daher nicht notwendig.

Das Buch von Beccaria erregte internationales Aufsehen und wurde in die wesentlichen Sprachen Europas übersetzt, so auch in das Deutsche. Allerdings entfaltete es nur langsam seine Wirkung. Zunächst überwog die Ablehnung, So verteidigten die meisten Größen des geistigen Lebens in Deutschland die Todesstrafe, unter ihnen Kant, Hegel und Fichte.

Die Anregung Beccarias wurde anderswo allerdings schon bald aufgegriffen. Der aufgeklärte Herrscher des Herzogtums Toskana, Leopold II. (1747-1792) beschloß bereits 1786, dort die Todesstrafe abzuschaffen. Für viele Zeitgenossen vielleicht unerwartet, brachen keineswegs Mord und Totschlag aus. Vielmehr zeichnete sich die Toskana in Italien sogar durch eine vergleichsweise niedrige Rate an Gewaltverbrechen aus.[1] Im folgenden Jahr 1787 wurde die

---

[1] *Siehe weiter unten die Zahlen, die Franz von Holtzendorff für seine Zeit anführt. Danach gab es 5,3 Tötungsdelikte pro 100.000 Einwohnern in der Toskana, während die Rate in der Region Neapel bei 21,3 und in Sizilien bei 31,3 lag. Im Vergleich zu heutigen, deutlich niedrigeren Raten (Italien etwa: 0,9 pro 100.000) läge das Niveau der Toskana ungefähr auf dem der USA, während Süditalien zu den gewalttätigsten Regionen der*

Todesstrafe dann auch vom Bruder Leopolds II., Joseph II., in der Habsburgermonarchie (außer in Ausnahmefällen) abgeschafft.

Mit der Zeit gewannen die Ideen Beccarias auch in Deutschland an Einfluß. Um die Mitte des 19. Jahrhunderts hatte sich die Sicht durchgesetzt, daß ein moderner Staat ohne die Todesstrafe auskommen könnte und sollte. Sowohl die Frankfurter als auch die Preußische Nationalversammlung schafften nach der Revolution von 1848 die Todesstrafe ab. In der Reaktionszeit ab 1850 wurde sie dann allerdings wiederhergestellt.[1]

Bis in die 1860er Jahre hatte sich ein gewisser Konsens, besonders unter den Liberalen, eingestellt, daß mit der fortschreitenden Einigung Deutschlands auch die Todesstrafe beseitigt werden sollte. Dieser Stimmung kam sogar der preußische König Wilhelm I., der spätere Kaiser Wilhelm I., nach, der ab 1868 alle zum Tode Verurteilten zu lebenslanger Haft begnadigte. Dabei wurde er von seinem Sohn, dem späteren Kaiser Friedrich, unterstützt, der als ein erklärter Gegner der Todesstrafe galt.

Welt gehören würde.

[1] *In einigen deutschen Staaten blieb die Todesstrafe auch nach Niederschlagung der Revolution abgeschafft, so in Bremen und Oldenburg. Sachsen und Baden beseitigten sie in den folgenden Jahren ebenfalls.*

Als im Jahre 1870 über ein neues gemeinsames Strafgesetzbuch des Norddeutschen Bundes im Reichstag beraten wurde, kam auch die Frage auf die Tagesordnung, ob es die Todesstrafe noch geben sollte. Der Gesetzentwurf sah das vor, was allerdings bedeutete, daß die Todesstrafe in denjenigen Staaten wiedereingeführt werden sollte, die sie schon abgeschafft hatten.

In der Öffentlichkeit war es bereits zu einer Diskussion gekommen, die durch eine Petition in den Reichstag getragen wurde. Unterzeichnet hatten sie vierundachtzig Persönlichkeiten des öffentlichen Lebens, angeführt von Franz von Holtzendorff und dem Schriftsteller Berthold Auerbach (1812-1882), die die Abschaffung der Todesstrafe verlangten.

Die Stimmung im Reichstag war dem günstig. Am 28. Februar und am 1. März 1870 kam es zur Debatte anläßlich der zweiten Lesung des Gesetzentwurfs. Nicht nur die Deutsche Fortschrittspartei, sondern auch weite Teile der Nationalliberalen unter der Führung von Eduard Lasker (1829-1884) und sogar einige Freikonservative wollten die Todesstrafe beseitigen. Die Abstimmung unterstrich dies mit einem Ergebnis von 118 zu 81 Stimmen für die Abschaffung.

Allerdings schaltete sich nun der Bundeskanzler Otto von Bismarck ein. Er drängte darauf, daß es eine einheitliche Gesetzgebung geben müsse. Davon ließen sich eine Reihe von Nationalliberalen und

Freikonservativen beeindrucken. Als es am 23. Mai 1870 zur dritten Lesung des Strafgesetzbuches kam, stellte sich nun eine knappe Mehrheit von 127 zu 119 Stimmen für die Todesstrafe ein.

Das war enttäuschend für die Gegner wie Franz von Holtzendorff. Wie man aus dieser und anderen seiner Schriften aus der Mitte der 1870er Jahre heraushören kann, interpretierte er das knappe Ergebnis von 1870 aber optimistisch so, daß es bei einer entsprechenden Anstrengung und fundierter Argumentation doch bald gelingen könnte, die Todesstrafe abzuschaffen. Das ist das Thema im Hintergrund des hier wiederveröffentlichten Aufsatzes von 1875. Ausführlicher geht Franz von Holtzendorff die Frage in seinem Werk *„Das Verbrechen des Mordes und die Todesstrafe"*[1] aus dem selben Jahr an. Am Schluß des Buches zeigt er sich dabei voll der Hoffnung, daß eine Abschaffung der Todesstrafe in naher Zukunft greifbar sein werde.

Es sollte anders kommen. Ab Ende der 1870er wendete Reichskanzler Bismarck die gesamte Politik in eine reaktionäre Richtung. Damit kam auch eine Liberalisierung des Strafrechts unter Beschuß als zu weichlich. Noch war die Todesstrafe in Preußen de facto durch Gnadenerweis des Königs immer noch ausgesetzt.

---

[1] *Eine Neuausgabe erscheint bei Libera Media.*

Doch auch das änderte sich. Im Jahre 1878 kam es zu zwei Attentaten auf den Kaiser, am 11. Mai durch Max Hödel und am 2. Juni durch Karl Eduard Nobiling. Beim zweiten Anschlag wurde der Kaiser schwer verletzt. Sein Sohn übernahm zeitweise die Regierungsgeschäfte. Dieser war eigentlich ein Gegner der Todesstrafe, gab aber schließlich dem öffentlichen Druck nach.

Am 16. August 1878 wurde Max Hödel hingerichtet, womit das Moratorium von etwa zehn Jahren zu einem Ende kam. Der Scharfrichter Julius Krauts war dabei so unvorbereitet, daß er sich sein Beil für die Enthauptung aus einem Museum leihen mußte.

Was 1870 greifbar nahe schien, war ab da in weite Ferne gerückt.

Das Buch

Der Aufsatz *„Die Psychologie des Mordes"* erschien in der *„Sammlung gemeinverständlicher wissenschaftlicher Vorträge"*, die Franz von Holtzendorff und Rudolf Virchow herausgaben. Aus welchem Anlaß und wo der Text als Vortrag gehalten wurde, ist nicht vermerkt. Vielleicht handelt es sich auch um einen Vortrag mehr in einem übertragenen Sinne, der ein Thema in knapper Form behandelt. Es ist aber in jedem Fall zu vermuten, daß Franz von Holtzendorff seine Gedanken bei tatsächlichen Referaten entwickelte, wie er das auch bei seinem ebenfalls 1875 erschienenen Buch *„Das Verbrechen des Mordes und die Todesstrafe"* tat, das aus öffentlichen Vorlesungen in Berlin und München hervorging.

Die beiden Werke stehen in einem engen Zusammenhang. „Die Psychologie des Mordes" ist gewissermaßen ein Auszug aus dem längeren Buch Holtzendorffs, in dem er seine Argumentation gegen die Todesstrafe entwickelt. In der vorliegenden Schrift geht es dabei um die Fragen:

- Was sind die Arten von Tötungsdelikten und was ihre Motivationen?

- Wie sind sie nach ihrer Verwerflichkeit zu werten und wie verhält sich das zu ihrer strafrechtlichen Behandlung?

Ein Punkt, den Franz von Holtzendorff herausarbeitet, ist die scharfe Unterscheidung im deutschen Strafrecht zwischen dem Verbrechen des Mordes und dem des Totschlags. Nach den angedrohten Strafen — für Mord in jedem Fall die Todesstrafe, für Totschlag hingegen höchstens eine lange Zuchthausstrafe — sollte es eigentlich eine weite Scheidung zwischen den beiden Arten von Taten geben.

Das Kriterium ist dabei die bestehende oder mangelnde Überlegung, die sich naturgemäß nur schwer feststellen läßt. Franz von Holtzendorff argumentiert hier, daß die Überlegung nicht unbedingt mit der Schwere des Verbrechens zusammenfällt. Jedes Verbrechen hat seine eigene Würdigung verdient und, was unter den Begriff des Mordes fällt, kann durchaus verschieden beurteilt werden.

Wie Franz von Holtzendorff aufzeigt, entspricht das auch dem Rechtsempfinden, wie es sich in den Urteilen der Schwurgerichte widerspiegelt. Oftmals scheuen die Geschworenen nämlich vor der Verhängung der Todesstafe zurück, weil ihnen ein Mord weniger verwerflich als so mancher Totschlag erscheint.

Als Teil des umfassenden Arguments gegen die Todesstrafe ergeben sich daraus als Konsequenz zum einen, daß die Verhängung der Todesstrafe an einem nebensächlichen und zweifelhaften Kriterium hängt, und daß zum anderen durch die immer gleiche Strafe eine Würdigung der individuellen Schwere eines Mordes nicht möglich ist, während für den Totschlag durch Abstufungen in der Länge der Zuchthausstrafe die Schwere der Tat vergolten werden kann.

Zur Edition

Die vorliegende Wiederveröffentlichung der Schrift von Franz von Holtzendorff folgt dem Original von 1875. Sperrungen zur Hervorhebung wurden nachgeahmt.

Die Anmerkungen des Originals waren Endnoten, wurden aber hier in Fußnoten umgewandelt, um dem Leser das Blättern zu ersparen. Sie sind nichtkursiv gesetzt und an ihrem Anfang steht in eckigen Klammern jeweils die ursprüngliche Numerierung vermerkt. Im Text wird zwar auf eine Endnote 7 verwiesen, diese ist aber nicht vorhanden.

Kursiv gesetzte Fußnoten stammen vom Herausgeber und enthalten Erläuterungen, Verweise und Hintergrundmaterial. Bei der Kommentierung wurden im Zweifelsfall zu viele als zu wenige Worte und Sachverhalte erläutert, da für heutige Leser vieles nicht mehr unmittelbar verständlich ist und keine hohen Anforderungen an das Hintergrundwissen gestellt werden sollten.

Um dem Leser die Einordnung in den größeren Zusammenhang zu ermöglichen, finden sich im Anhang dieses Buches das zwanzigste und einundzwanzigste Kapitel aus Franz von Holtzendorffs *„Das Verbrechen des Mordes und die Todesstrafe"* von 1875, die die Argumentation des hier wiederveröffentlichten Vortrags einordnen helfen.

In eckigen Klammern und mit kleinen Lettern ist die ursprüngliche Paginierung vermerkt, wobei im Fall von Trennungen zusätzliche Bindestriche nach der Seitenzahl eingefügt wurden. Am Kapitelanfang wurde die Paginierung aus ästhetischen Gründen nach er Überschrift eingefügt.

Da das Buch auch als Teil der von Franz von Holtzendorff und Rudolf Virchow herausgegebenen *„Sammlung gemeinverständlicher wissenschaftlicher Vorträge"* (dort in der X. Serie aus dem Jahre 1875 und als Vortrag mit der fortlaufenden Nummer 232) veröffentlicht wurde, gibt es eine weitere Paginierung, die sich auf diese Sammelausgabe bezieht. Sie beginnt mit der Seitenzahl 527, während die Paginierung des Separatdrucks ab der Seitenzahl 3 läuft.

Die Psychologie des Mordes

[3/527] Das deutsche Strafgesetzbuch[1] bestimmt in seinem Paragraphen 211:

> „Wer vorsätzlich einen Menschen tödtet, wird, wenn er die Tödtung mit Ueberlegung ausgeführt hat, wegen Mordes mit dem Tode bestraft."

Außer dem Morde wird auch der Mordversuch nach Paragraph 80 mit dem Tode bestraft, wenn er gegen den Kaiser[2], gegen den eigenen Landesherren, oder an dem Landesherren desjenigen Bundesstaates[3]

---

[1] *Das ist das Reichsstrafgesetzbuch, erlassen am 15. Mai 1871 und ab Anfang 1872 in Kraft. Mit Änderungen besteht es bis heute weiter.*

[2] *Das wird 1878 von Bedeutung sein, als es zwei Attentate auf den Kaiser durch Max Hödel und Karl Eduard Nobiling gibt.*

[3] *Das Deutsche Reich ist ein Bundesstaat aus fünfundzwanzig*

1

verübt wurde, in dessen Gebiet sich der Thäter zur Zeit der That befand.

Den Überlieferungen der deutschen Rechtswissenschaft folgend, unterscheidet das Gesetz das Verbrechen des schlechthin und ausnahmslos todeswürdigen Mordes von dem ihm zunächst verwandten, nicht mehr todeswürdigen Verbrechen des Todtschlags, als derjenigen Art vorsätzlicher Tödtung, welche nicht mit Ueberlegung ausgeführt wurde und aus diesem Grunde mit einer Zuchthausstrafe[1] von mindestens fünf Jahren bestraft werden soll.

An diese Strafdrohungen, welche sich auf die beiden allgemeinen Hauptformen der vorsätzlichen Tödtung, Mord und Todtschlag beziehen, schließen sich im sechszehnten Abschnitt unseres Strafgesetzbuchs andere, die gewisse besondere, der Auszeichnung und Hervorhebung würdige, Fälle der vorsätzlichen Tödtung [4/528] betreffen.

Staaten, darunter drei freie Städte, und dem Reichsland Elsaß-Lothringen, das unmittelbar dem Kaiser untersteht.

[1] *Es gab drei Stufen von Freiheitsstrafen: **Festungshaft**, die relativ milde ist und als nicht entehrend gilt, **Gefängnis** und das besonders strenge **Zuchthaus**, das als entehrend gilt. Die Zuchthausstrafe wurde mit der Großen Strafrechtsreform von 1969 in der Bundesrepublik Deutschland abgeschafft.*

Die Psychologie des Mordes

Mit Rücksicht auf die Schwere der Strafe ergiebt sich demgemäß folgende Reihe von Abstufungen in unserem Strafgesetzbuche:

1. Die Todesstrafe[1]: für den Mord und solchen Mordversuch, der als hochverrätherisches Attentat gegen den Kaiser oder einem *[sic]* deutschen Landesherren angesehen wird (§§. 211 und 80);

2. Lebenslängliches Zuchthaus oder Zuchthaus nicht unter zehn Jahren:

    a. für denjenigen, welcher bei Unternehmung einer strafbaren Handlung, um ein der Ausführung entgegentretendes Hinderniß zu beseitigen, oder um sich der Ergreifung auf frischer That zu entziehen, vorsätzlich einen Menschen tödtet (§. 214);

    b. für den Todtschlag an einem Verwandten aufsteigender Linie[2] (§. 215);

---

[1] *Die Todesstrafe erfolgte durch Enthauptung mit einem Beil. Bis 1877 waren auch Zuschauer erlaubt. Allerdings wurde sie in der Zeit nur sehr selten ausgeführt. König Wilhelm I. von Preußen entsprach dem Geist der Zeit und begnadigte von 1868 bis 1878 alle in Preußen zum Tode Verurteilten. In anderen Staaten, wie etwa Bayern, kam es gelegentlich zu Hinrichtungen.*

[2] *Also Eltern, Großeltern, usw.*

3. Zuchthausstrafe nicht unter fünf Jahren: für den Todtschlag in gewöhnlichen Fällen (§. 212);

4. Zuchthausstrafe nicht unter drei Jahren: für die vorsätzliche Tödtung eines unehelichen Kindes durch die Mutter in oder gleich nach der Geburt („Kindesmord"), oder bei der Annahme mildernder Umstände eine Gefängnißstrafe nicht unter zwei Jahren. (§. 217)[1];

5. Gefängnißstrafe[2] nicht unter drei Jahren: für denjenigen, welcher durch das ausdrückliche und ernsthafte Verlangen des Getödteten zur Tödtung bestimmt wurde (§.216)[3];

6. Gefängnißstrafe nicht unter sechs Monaten für den Todtschlag, begangen im gerechten Zorn gegen den Getödteten oder unter sonstigen mildernden Umständen (§. 213).

---

[1] *Wie weiter unten noch: die relativ milde Bestrafung von Kindesmörderinnen in Deutschland ist im internationalen Vergleich ungewöhnlich. In anderen Ländern werden solche Fälle als Morde bestraft.*

[2] *Für die beiden letzten Fälle wird nur die weniger harte Gefängnisstrafe verhängt.*

[3] *Ähnlich wie beim Kindesmord werden Fälle von Tötung auf Verlangen in Deutschland deutlich milder beurteilt, während sie in anderen Ländern dem Mord gleichgestellt sind.*

Die Psychologie des Mordes

Bei allen diesen Tödtungen ist vorausgesetzt, daß die Ab-[5/529]-sicht des Thäter auf die Herbeiführung des Todes gerichtet war und die Staatsanwaltschaft im Stande ist, den Beweis zu führen, daß dem Thäter diese Absicht innewohnte. Nach dem Stande des deutschen Gesetzes ist somit weder Mord noch Todtschlag vorhanden, wenn der Thäter dem Verstorbenen eine schwere, den Tod verursachende Wunde oder auch Gift beibrachte, ohne daß die begleitenden Umstände zu dem Schluß zwingen, daß der Tod vom Thäter gewollt war.

Die Unvollkommenheit aller menschlichen Rechtspflege bringt es mit sich, daß nur ein gewisser, genau nicht zu ermittelnder Theil der richterlichen Urtheile dem wirklichen Sachverhalt einer verbrecherischen That entsprechen kann. Auch die beste Justiz kennt wahrheitswidrige Freisprechung wegen mangelnder Schuldbeweise oder ungerechte Verurtheilungen auf Grund richterlicher Irrthümer. Da jene Unterscheidung zwischen stattgehabter „Ueberlegung" und „Nichtüberlegung" des Handelnden über Tod und Leben nach der Anklage entscheidet, während sie bei allen anderen Verbrecherfällen *[sic]* unberücksichtigt bleibt, so ergiebt sich durch das Hinzutreten dieses Unterscheidungsmerkmals für die Tödtungsverbrechen eine Vervielfältigung in den Mängeln der Rechtspflege. Es geschieht wegen mangelhafter und unzulänglicher Beweismittel, daß derjenige nur wegen Todtschlags bestraft wird, dessen „Ueberlegung" von der Anklage nicht erwiesen werden kann und ebenso ist es möglich, daß nach einer vorsätzlich begangenen, den Tod verursachenden Verwundung den Thäter die geringe Strafe der Körperverletzung trifft, weil der Vorsatz zu tödten, nicht mit ausreichender Klarheit dargethan werden konnte. Bedeutsamer für die menschlichen Gerechtigkeitsinteressen erscheint der entgegengesetzte Fall, in welchem ein Angeklagter, der Wahrheit zuwider zu einer härteren Strafe verurtheilt wurde, weil er außer Stande war, in glaubhafter Weise diejenigen Umstände nachzuweisen, die eine mildere Strafe zu Folge gehabt haben [6/530] würden. Wer es nicht vermag, zu beweisen, daß er den Akt überlegter Tödtung auf ausdrückliches Verlangen des Getödteten beging, wird als Mörder an Stelle der ihm gebührenden Gefängnißstrafe, mit der Todesstrafe belegt werden; das Schicksal einer ungerecht härteren Strafe trifft auch denjenigen, welcher, des Todtschlags angeklagt, nicht glaubhaft machen kann, daß er vom Getödteten durch schwere, unverschuldete Reizung zur That hingerissen wurde. Je zahlreicher die thatsächlichen Elementarkörper eines Rechtsbegriffes, desto größer die Ziffer[1] der möglichen Rechtsirrthümer.

Tod und Leben eines Angeklagten hängen in der Strafrechtspflege nicht allein von der wirklichen Beschaffenheit seines Verbrechens, sondern auch von der Richtigkeit und Genauigkeit jenes Spiegelbildes ab,

---

[1] *Ziffer: im älteren Sinne von Anzahl.*

Die Psychologie des Mordes

welches der gerichtliche Beweis von dem Hergange der That den Richtern und Geschwornen zu bieten vermag.

Sind die Lichtbilder, die der Sonnenstrahl mechanisch auf der Platte des Photographen[1] vom menschlichen Antlitz abzeichnet, immer genau den Gesichtszügen des Urbildes entsprechend? Wenn es unähnliche Lichtbilder giebt, wie könnte man darauf zählen, daß die Nachtbilder der verbrecherischen Gesinnung durch die tausendfache Strahlenbrechung menschlicher Wahrnehmungen und Schlußfolgerungen, Empfindungen und Vermuthungen, des Abscheus und des Mitleids in vollkommen richtigen und scharfen Umrissen vor dem Blicke des Geschwornen[2] enthüllt werden?

---

[1] *Photographische Aufnahmen gibt es seit den 1820er Jahren. Allerdings werden dabei Platten und nicht Filme belichtet. Filme auf Papierbasis gibt es ab 1884, auf Basis von Zelluloid ab 1889, Rollfilme in Kapseln ab 1891.*

[2] *Einheitliche Regelungen gibt für ganz Deutschland erst mit dem Gerichtsverfassungsgesetz, das ab 1879 gilt. Franz von Holtzendorff denkt vermutlich an die Vorgehensweise in Preußen, die sich an das französische Vorbild anlehnt. Es werden zunächst 60 Bürger ausgelost, wobei es Anforderungen wie eine Mindeststeuer, d. h. ein entsprechend hohes Einkommen gibt. Der Gerichtspräsident reduziert diese Zahl dann auf 36. Beim Prozeß werden daraus 12 Geschworene ausgewählt, die mit Stimmenmehrheit entscheiden. Allerdings greift der Gerichtshof bei einer knappen Entscheidung von 7 zu 5 ein. Wie Franz von Holtzendorff in seinem Buch aus demselben Jahre „Das Verbrechen des Mordes und die Todesstrafe" (Neuausgabe bei Libera*

Franz von Holtzendorff

Es ist eine weitverbreitete Annahme, daß jener Unterschied von Mord und Todtschlag leicht und sicher erkennbar sei und jeder Geschworne kraft seines natürlichen Menschenverstandes zu bestimmen vermöge, in welchem Seelenzustande sich ein des Mordes Angeklagter zur Zeit seiner That befunden habe, ob er mit Ueberlegung handelte, oder nicht? Dennoch läßt sich zeigen, daß diese Vorstellung eine durchaus irrige ist, daß nicht einmal [7/531] die Wissenschaft im Stande ist, auf diesem Gebiete der Psychologie sichere Gränzlinien zu ziehen, daß die Rechtsbegriffe über Mord und Todtschlag in der Geschichte sehr erheblichen Wechselfällen unterlegen und auch heut zu Tage bei den Culturvölkern eine Uebereinstimmung in der Würdigung des schwersten Verbrechens nicht vorhanden ist[1]. Zunächst wolle man im Hinblick auf die möglichen Ergebnisse einer solchen Untersuchung den gegenwärtigen Zustand des deutschen Strafgesetzes noch einmal ins Auge fassen. Der Gesetzgeber erklär-

---

Media) herausstellt, neigen die Geschworenengerichte zu einer milden Beurteilung, wenn es um die Frage der Todesstrafe geht.

[1] [Anmerkung 1:] Weitere Ausführungen und Schriftnachweise s. in meiner Abhandlung über die Tödtungsverbrechen im Handbuch des Strafrechts Band III., S. 405 ff. (Berlin, Lüderitzsche Verlagsbuchh. 1872) und in meiner Schrift: Das Verbrechen des Mordes und die Todesstrafe (Berlin, Lüderitzsche Verlagsbuchh. 1875). *[Letzeres als Neuausgabe bei Libera Media, der Herausgeber.]*

te: Alle Fälle des sogenannten Mordes sind sich innerlich so gleich, daß sie mit einer und derselben
Strafe, der Todesstrafe nämlich, vom Richter belegt
werden müssen. Ausgenommen davon ist nur der
Kindesmord, in welchem eine Mutter, gleichviel ob
mit oder ohne Ueberlegung, ihr neugeborenes Kind
ums Leben bringt und jenes verhältnißmäßig seltene
Vorkommniß einer überlegten Tödtung solcher, die
darnach verlangt haben. Andrerseits sind die Fälle der
ohne Ueberlegung verübten Tödtung, nach der Annahme desselben Gesetzgebers, innerlich so sehr
verschieden, daß die Abstufungen der Strafbarkeit
zwischen einer untersten Gränze von sechs Monaten
Gefängniß und einer höchsten Gränze von lebenslänglicher Zuchthausstrafe eingeschlossen liegen. In dem
negativen Merkmal der Nichtüberlegung (also des
Todtschlags) läßt das Gesetz mannigfaltige Unterscheidungen der größeren oder minderen Schuld zu, in
dem positiven Merkmale der Ueberlegung (also bei
dem Morde) dagegen nicht, als ob der bloße, der ganzen Menschheit verhaßte Name des Mordes genügte,
um die Vernichtung des Schuldigen als unumgänglich
nöthige Forderung des Rechtsgefühls, oder seine
Schonung, lediglich als Sache der in sich selbst unbe-
rechenbaren Gnade erscheinen zu lassen.[1] Schon dar-

---

[1] [Anmerkung 2:] Im englischen Recht werden alle Fälle vorsätzlicher Tödtung sogar einschließlich des Kindermordes und der
vorsetzlichen Körperverletzung, welche den Tod zur Folge hatte, mit dem Tode bestraft. Ausgenommen ist nur der eine Fall,
in welchem der Thäter durch Thätlichkeiten zum gerechten

in liegt ein nicht unbedeutender Verstoß gegen die Grundsätze der Folgerichtigkeit, daß das Gesetz in einem rein negativen Merkmal Stufen der Verschuldungen mit ver-[8/532]-schiedenen Graden der Strafbarkeit zuläßt und innerhalb derselben Gattung der Tödtungsverbrechen dem entgegenstehenden positiven Merkmal die Anerkennung entsprechender Abstufungen versagt. Als eine durchaus geschichtswidrige Wendung in der neueren Rechtslehre muß es überdies bezeichnet werden, wenn der Unterschied zwischen den gewöhnlichen Fällen des Todtschlags und den mildesten Fällen des Mordes dahin erweitert wird, daß für jene genau fünf Jahre Zuchthaus, für diese die Todesstrafe als angemessen durch das deutsche Strafgesetzbuch vorgeschrieben werden.

Die beiden Verbrechen des Mordes und des Todtschlages haben das mit einander gemein, daß das Leben eines Menschen vorsätzlich vernichtet wird. Auf jede vorsätzliche und verbrecherische Tödtung hatte sowohl das Mosaische[1], als auch das Römische

---

Zorn gereizt und zur That hingerissen wurde. Manslaughter bedeutet daher nicht, wie viele deutsche Rechtslehrer meinen, so viel wie Todtschlag in Deutschland, sondern meistentheils nur fahrlässige Tödtung.

[1] *Die rechtlichen Bestimmungen in den fünf Büchern Mose, der Tora. Zu den Gesetzeskorpora zählt man den Dekalog in Ex 20, und Dtn 5, das Bundesbuch in Ex 21 bis 23, das Priestergesetz von Ex 25 bis Num 10 sowie einige Nachträge wie den sogenannten kultischen Dekalog in Ex 34, das Heiligkeitsgesetz in Lev*

Die Psychologie des Mordes

Recht[1] die Kapitalstrafe[2] gesetzt. Bis in das gegenwärtige Jahrhundert hinein war der Todtschlag ebenso todeswürdig, wie der Mord. Wie der Unterschied zwischen beiden nur in der Art der Ausführung bestand, ebenso bestand als Unterschied in der gesetzlich seit der Halsgerichts-Ordnung[3] Karl's V.[4] von 1532 überlieferten Todesstrafe nur die Hinrichtungsweise, welche für Mörder eine geschärfte und qualvolle, für Todtschläger einfache Enthauptung sein sollte.[5]

Franz von Holtzendorff

Das alte Verhältniß der beiden schwersten Tödtungsverbrechen ist somit von Grund aus verändert worden, indem dem Todtschlage fortschreitende Gunstbezeugung durch Herabsetzung der Strafdrohungen zu theil wurden *[sic]*, bis diese schließlich so milde geworden sind, daß die öffentliche Moral in Beziehung auf gewisse Arten der vorsätzlichen Tödtung erheblich abgeschwächt wurde. Schon darin lag ein Element schwankender Moralität, daß nach dem älteren gemeinen Rechte[1] der Nachweis eines auf Seiten des Thäter vorhandenen Affekts, des Zornes oder irgend einer anderen leidenschaftlichen Erregung, erforderlich war, wenn die nur in der Form des Vollzugs gemilderte Todesstrafe ein-[9/533]-treten sollte, gegenwärtig aber die Gruppe der Todtschläger nicht nur aus solchen Mördern ergänzt wird, denen der Beweis der Ueberlegung nicht wirksam entgegengestellt werden konnte, sondern aus denjenigen, welche ohne Ueberlegung ein fremdes Leben zerstörten, weil sie in leichtfertigter Gleichgültigkeit und Rohheit zu jeder Gewaltthätigkeit bereit sind.

Auf Grund einer eingehenden geschichtlichen Würdigung der Entwickelung, welche die gesetzgeberische Behandlung der Tödtungsverbrechen durchlaufen

---

[1] *Als gemeines Recht wird vor allem das römisch-kanonische Recht des Mittelalters, der Frühen Neuzeit und Neuzeit verstanden. Es bildete die Grundlage für das kontinentaleuropäische Zivilrecht und galt in Teilen Deutschlands bis zum Inkrafttreten des Bürgerlichen Gesetzbuchs im Jahre 1900.*

hat, muß man anerkennen, daß weder im ersten Ursprunge, noch im germanischen Mittelalter, noch bei den uns zunächst verwandten Völkern[1] Mord und Todtschlag als so weit von einander abgeschiedenen [sic] Formen der vorsätzlichen Tödtung angesehen worden sind, wie heut in Deutschland.

Nach den ältesten Zeugnissen germanischer Rechtsquellen bedeutet Mord nichts anderes als heimliche Tödtung, zu deren Verdeckung die Leiche des Erschlagenen verborgen wurde, was nach der Anschauung unserer Voreltern deswegen gehässiger erschien, weil einem Todten die volksthümlichen Ehren des Begräbnisses entzogen waren, der Bluträcher in Ungewißheit bleiben sollte, an wen er sich zu halten hatte, und die Feigheit zum Ausdruck kam, welche nicht Recht nehmen[2] wollte, obgleich zu jenen Zeiten offen begangene Tödtung mit einer Geldabfindung an die Erben oder Verwandten des Erschlagenen[3] gesühnt werden konnte. Mord und Todtschlag verhielten sich nur wie größere und geringere Geldbuße. Immer-

---

[1] *Gedacht ist hier vermutlich an Niederländer, Engländer, Schweden, usw., also andere Völker mit germanischen Sprachen.*

[2] *sich einem Urteil beugen.*

[3] *Wergeld (von althochdeutsch "wer" für Mann) war im germanischen Recht eine Geldsumme, die vom Mörder an die Angehörigen des Opfers gezahlt werden mußte, um die Blutrache zu vermeiden.*

hin war damit ausgesprochen, daß ein moralisches Element der Ehrlichkeit und gegentheilig die Nichtswürdigkeit der Proceßfeigheit einen rechtlichen Ausdruck finden sollte. Die Berücksichtigung dieser moralischen Verhältnisse trat, namentlich seit dem sechszehnten Jahrhundert, noch deutlicher hervor, als man wiederum die Triebfeder des Ehrgefühls würdigte, indem man Kindesmörderinnen und Duellanten mit vergleichungsweise milderer Strafe belegte. Daß man dabei auf das gegen-[10/534]-wärtig zur Kennzeichnung des Mordes entscheidend gewordene Moment der Ueberlegung gar kein Gewicht legte, sondern vielmehr lediglich auf die größere oder geringere Sittlichkeit der Beweggründe achtete, lehrt die Zähigkeit unseres Sprachgebrauchs, welcher noch heute, in Widerspruch mit den theoretischen Bedenken einiger Rechtslehrer, vom Kindesmord und vom Selbstmord spricht, obgleich dieser letztere überhaupt gar kein Verbrechen mehr ist[1] und der erstere heut zu Tage mit einer mittelschweren Zuchthaus- und Gefängnißstrafe belegt wird, also aufgehört hat, jene Todeswürdigkeit zu besitzen, welche in oft gedankenloser Weise mit dem bloßen Namen des Mordes in Zusammenhang gebracht wird. Dem Kindesmorde, wie dem Selbstmorde ist in besonders hohem Maße die in unserer germanischen Vorzeit allein beachtete

---

[1] *Auf dem Kontinent ist das seit langem der Rechtszustand, aber in Großbritannien war der Selbstmordversuch noch bis 1961 strafbar*

Eigenthümlichkeit heimlicher Begehung zugehörig, wohingegen nicht gesagt werden kann, daß Ueberlegung oder Nichtüberlegung dabei irgendwie auf die Begriffsbestimmung von Einfluß wäre. Denn, ohne ihre Natur irgendwie zu verändern, können sowohl Selbstmord als auch Kindesmord gleichmäßig mit sorgfältiger Ueberlegung der Mittel als auch in leidenschaftlicher Erregung begangen werden. Da nach der preußischen Strafstatistik etwa der zehnte Theil der des Kindesmordes angeklagten Weiber Verheirathete sind, darf man annehmen, daß mindestens bei diesen das Element der Ueberlegung vorherrschend war. Die Nichtunterscheidung von Ueberlegung und Affekt in der Bestrafung des Kindesmordes enthält also das Anerkenntniß des Gesetzgebers, daß die größere relative Moralität oder Immoralität einer Verbrechenshandlung durchaus nicht zusammenfällt mit der psychologischen Gegenüberstellung von Mord und Todtschlag, wie solche im deutschen Strafgesetzbuch gegeben ist. Und wiederum ist es unrichtig, wenn das deutsche Strafgesetzbuch aufstellt, daß die Strafwürdigkeit in der überlegten Tödtung eines etwa altersschwachen und geisteskranken Menschen sich zu der-[11/535]-jenigen eines neugebornen unehelichen Kindes durch die Mutter verhalten muß wie die Todesstrafe zu einer möglicherweise auf zwei Jahre herabgesetzten Gefängnißstrafe.[1] Schon die Thatsache daß in England

---

[1] *Franz von Holtzendorff scheint beides für strafwürdig zu halten. Insofern redet er hier nicht einer Euthanasie als legitimes*

und Frankreich noch heut zu Tage der Kindesmord ein todeswürdiges Verbrechen geblieben ist, läßt erkennen; wie wenig es den Culturvölkern der Gegenwart gelungen ist, zu einer einheitlichen Grundanschauung über die Natur des schwersten Verbrechens zu gelangen.

Im Widerspruche zu dem gegenwärtigen Rechtszustande der deutschen Gesetzgebung und in einiger Annäherung an den in allen andern Stücken unvollkommenen Zustand des englischen Rechts, wage ich die Behauptung, daß die größere oder geringere Strafbarkeit aller vorsätzlichen Tödtungen nur in allmähligen Abstufungen nach der sittlichen Eigenschaft der Motive, nicht aber nach dem die Todesstrafe jetzt begründenden Gegensatz von überlegter und nicht überlegter Ausführung bemessen werden kann. Die Beweggründe, welche zum Morde treiben,

---

Vorgehen das Wort. Das Argument ist allerdings nicht leicht zu verstehen. Man könnte meinen, daß die Tötung eines unmündigen Menschen durch den, der sich der Vormundschaft annehmen sollte, besonders verwerflich ist und von daher beide Taten ähnlich hart bestraft werden sollten. Das ist aber wohl nicht die Ansicht von Holtzendorffs über den Kindesmord. Nur wenn man diesen als eine Art Erlösung des Kindes von einem in der Zeit vermutlich noch schwierigen Leben etwa als uneheliches Kind ansieht, ließe sich eine Parallelität erkennen, die beiden Tätern eine höherstehende Motivation zuerkennt, bei gleichzeitiger Verwerflichkeit der Tat. Auch an anderer Stelle, etwa in seinem Buch „Das Verbrechen des Mordes und Todesstrafe" führt von Holtzendorff seine Argumentation nicht näher aus.

genauer zu erforschen, ist daher von großer Wichtigkeit. Die größten unter den Dichtern hatten sich in ihren Tragödien bemüht, darzuthun, daß höchst edle Naturen durch eine ihre Willenskraft überragende Macht der Umstände dazu gebracht werden können, Mörder zu werden. Hamlet[1], Laertes[2], Othello[3], Emilia Galotti's Vater[4] und viele andere Helden des Trauerspiels begehen in überlegter Weise eine Tödtung, wobei freilich diejenige psychologische Grundlage, die das Gesetz gegenwärtig nicht beachten will, das dichterische Interesse vorzugsweise beschäftigt: eine tiefe und gewaltige Leidenschaft, vergebens gegen die Voll-

---

[1] *In der Tragödie „Hamlet" von William Shakespeare (1564-1616), die im Zeitraum von 1601 bis 1602 entstand, sucht Prinz Hamlet von Dänemark Rache an seinem Onkel Claudius, dem Mörder seines Vaters.*

[2] *Laertes ist der Gegenspieler von Hamlet in William Shakespeares Tragödie, bis sie sich am Schluß versöhnen.*

[3] *In der Tragödie „Othello" von William Shakespeare (1564-1616), die um 1603 entstand, tötet Othello aus wahnhafter und durch den Intriganten Jago beförderter Eifersucht seine Ehefrau Desdemona und daraufhin sich selbst.*

[4] *„Emilia Galotti" ist ein erstmals 1772 aufgeführtes Trauerspiel von Gotthold Ephraim Lessing (1729-1781). Emilia, die zur Geliebten des Prinzen von Guastalla gemacht werden soll, bittet ihren Vater, sie zu erstechen, da sie fürchtet, zu schwach zu sein, um den Nachstellungen des Prinzen standhalten zu können. Nachdem sie sich selbst zu töten versucht hat, führt ihr Vater die Tat aus Mitleid aus.*

bringung des verbrecherischen Vorhabens ankämpfend, bis dieses gleichsam in dem Augenblick geschieht, in welchem die Thatkraft eines groß angelegten Charakters durch den Widerstand gegen die fortwährend anstürmenden Dämonen verbrecherischer Umnachtung erschöpft ist. Grade im Hamlet ist dieser Seelenkampf des vergeblichen Sträubens am gewaltigsten [12/536] durchgeführt, worauf die tief ergreifende Wirkung seines endlichen Schicksals beruht.[1] 3). Zu verwundern ist nur, daß große Dichter, wie Shakespeare, Lessing, Göthe und Schiller auf die Denkweise der Gebildeten so geringen Einfluß ausübten, daß diese, wenn das Thema des Mordes in u n g e b u n d e n e r[2] Rede und ohne poetische Zuthat zu behandeln ist, dabei beharren, in jedem Mörder schlechthin einen ver-

---

[1] [Anmerkung 3:] 3) Seit W e r d e r ' s Kritik des Hamlet darf als herrschende Meinung angesehen werden, daß Hamlet kein Schwächling ist. Im übrigen kann die Kritik noch einige bisher übersehene Punkte zur Geltung bringen, vorzugsweise diesen: daß das Stück einen objectiven Conflict zweier rechtshistorischen Grundanschauungen zur Grundlage hat: die Forderung der altgermanischen Blutrache, welche der im Fegefeuer befindliche Geist von Hamlets Vater noch geltend macht und die christliche Moralidee, welche durch die Universität Wittenberg angedeutet ist. Merkwürdig ist, daß Shakespeare, ohne es zu wissen, als Dichter hier eine Wahrheit getroffen hat. Die altgermanische Strafidee reicht bei den Skandinaviern bis in das XVI. Jahrhundert hinein.

[2] *Die Widersacher Laertes und Hamlet verletzen sich gegenseitig im Verlauf eines Duells tödlich.*

worfenen Menschen zu sehen und das Vorkommen von Ausnahmen zu bestreiten. Die Mehrzahl der Urtheilenden beruhigt sich bei einer rein äußerlichen Auffassung der That, ohne der Entwickelung der verbrecherischen Motive nachzuforschen.

Bei einer gewissen, wennschon geringeren Anzahl von Verbrechensfällen, ist es freilich unmöglich, deren innere Entstehungsgeschichte bis zu den uranfänglichen Keimen zu erforschen, denn auch die Motive des menschlichen Handels sind wiederum ihrerseits nicht einfache Naturthatsache, sondern ein Bedingtes und gesellschaftlich Gewordenes. Wir erfahren dies täglich an uns selbst, sobald wir uns nur genauer beobachten. Was uns selbst in innerliche Bewegung setzt, läßt andere Menschen völlig ruhig, was für andere einen Anreiz darbietet, stört uns nicht im Mindesten. Gewisse Personen handeln aus Beweggründen, denen andere völlig unzugänglich sind. Je geringer die Zahl derjenigen ist, die nach ihrer bürgerlichen und gesellschaftlichen Stellung, nach ihrer Empfindungsweise und Gedankenrichtung befähigt sind, einen Nebenmenschen vorsätzlich umzubringen, desto unverständlicher bleiben nach ihrer Kraft und Aufdringlichkeit die Motive des Mörders. Sie werden aus diesem Grunde so oft als rettungslose, zuständlich gewordene[1] Bosheit des Charakters angesehen und hinsichtlich ihrer Unnatürlich-

---

[1] *die zu einem Zustand geworden ist.*

keit an der Gesinnungsweise des Urtheilenden gemessen.

Seit längerer Zeit hat man in der französischen und italienischen Strafstatistik begonnen, die Motive des Mordes und Todtschlags zu verzeichnen. Ihre aufmerksame Beobachtung wird [13/537] um so bedeutungsvoller, je mehr man neuerdings einsieht, daß die Häufigkeit der Verbrechen so gut wie gar nicht von der Beschaffenheit gewisser Strafarten, sondern vielmehr von einem Zusammenwirken anderer Umstände abhängt, die theils individueller, theils gesellschaftlicher, theils physischer und zu einem gewissen Theile auch politisch staatlicher Natur sind.

Von den rein körperlichen Bildungsfehlern und der krankhaften Reizbarkeit des Nervensystems, insofern diese zu mörderischen Angriffen gegen fremdes Leben gewisse Personen geneigter machen, soll hier abgesehen werden, obschon die Wahlverwandtschaft zwischen Verbrechen und physischer Verkümmerung seit längerer Zeit ein Gegenstand eingehender Forschung geworden ist und jener römische Auspruch, daß nur in einem gesunden Leibe ein gesundes Seelenleben Bestand habe, auch in seiner verneinenden Gestalt wahr sein würde, wenn man sagte, daß die völlige Abstumpfung des moralischen Sinnes auf der Grundlage physischer Verkommenheit zu ruhen pflegt. Als ein großes, freilich von vielen Seiten noch nicht hinreichend gewürdigtes, Ergebniß neuerer Untersuchungen, muß es erachtet werden, daß man nicht mehr das

Die Psychologie des Mordes

Unterscheidungsvermögen zwischen Gut und Böse[1], oder den in der Ausführung irgend einer Schadenszufügung betheiligten Scharfsinn als einen Beweis der moralischen und rechtlichen Zurechnung ansieht, sondern zugiebt, daß Irresein und Geisteskrankheit mit einem höheren Grade von Intelligenz, mit Verständniß und Berechnung bestimmter, aus Handlungen hervorgehender Erfolge sehr wohl verbunden sein können[2]. Gerade weil der Mord das sittliche Gefühl am tiefsten verletzt, hat seine gerichtliche Verfolgung durch die Hinüberführung der psychologischen Frage auf das Gebiet der Zurechnungsfähigkeit zu den eingehendsten Vergleichungen mit den herkömmlichen Bildern der Geisteskrankheit vorzugsweise herausgefordert und damit auch zur Bereicherung des gerichtsärztlichen Wissens erheblich beigetragen. Vielleicht ist dies der einzige, an sich bedeutende, aber der Rechts-[14/538]-pflege an sich fremde Gewinn aus der Unter-

---

[1] *Das Kriterium gilt beispielsweise im angelsächsischen Recht: jemand, der nicht in der Lage ist, gut und böse zu unterscheiden, ist als nicht zurechnungsfähig anzusehen.*

[2] [Anmerkung 4:] Aus der großen Anzahl trefflicher Leistungen der Psychiatrie und Psychologie erwähne ich hier nur zwei lesenswürdige Erscheinungen: H. Maudsley, die Physiologie und Pathologie der Seele (Deutsch von R. Böhm, Würzburg 1870) und R. von Krafft-Ebing, Grundzüge der Criminalpsychologie. (Erlangen, 1872). *[Letzteres erscheint als Neuauflage bei Libera Media, der Herausgeber.]*

scheidung von Mord und Todtschlag, daß die Aufstellung eines Merkmals der Ueberlegung dazu nöthigte, auch die Motive des Thäter zu beachten, um sich über seine höhere Schuld klar zu werden, womit dann gleichzeitig die Brücke zu der naturwissenschaftlichen Beobachtung der den Verbrechenserscheinungen und dem Kranksein gemeinsamen Entwickelungsprocesse geschlagen war.

Für eine Statistik der Mordursachen ist der Begriff „krankhafte Anlage zur Begehung eines Verbrechens" nicht zu verwerthen, obschon in der Biographie eines Mörders davon die Rede sein mag und die Geschwornen in solchen Fällen auf Grund geminderter Zurechnung, wofern ihnen der Gesetzgeber dies gestattet hat, mildernde Umstände ihrem verurtheilenden Wahrspruch hinzuzufügen pflegen. Auf krankhafter Anlage werden meistentheils solche Vorkommnisse beruhen, bei welchen von Mord aus Mordlust die Rede ist, oder der Mörder sein Opfer abschlachtet, um sich an dessen Qualen zu ergötzen oder gar menschliche Körpertheile zu verzehren. Zu dieser Kategorie gehörte ein französischer Verbrecher Namens Viliet, welcher es lebhaft beklagte, daß die Zeiten des revolutionären Terrorismus[1] vorüber seien, weil er den Ge-

---

[1] *Die Terrorherrschaft (französisch: la Terreur) war die Periode der Französischen Revolution von Anfang Juni 1793 bis Ende Juli 1794, bei der zahlreiche Menschen hingerichtet wurden, die man verdächtigte, gegen die Revolution zu sein.*

nuß entbehren müsse, an der Schnur des Fallbeils zu ziehen und beim Köpfen behülflich zu sein.

Unter den Motiven der Tödtungsverbrechen (Mord, Todtschlag und Vergiftung) unterscheidet die französische Strafstatistik gegenwärtig folgende Haupt-Gruppen von Beweggründen: 1. Habsucht. 2. Ehebruch 3. Häusliche Zwistigkeiten 4. Eifersucht und Ausschweifung[1]. 5. Haß und Rache; wozu dann noch eine Rubrik solcher Motive hinzutritt, welche als vereinzelte, abnorme, gleichsam als Sonderlingsschrullen[2] gelegentlich vorkommen, wie etwa der Wunsch, vom Henker hingerichtet zu werden, oder die Sehnsucht nach Cayenne[3].

Bei näherer Prüfung dieser Aufzählung ergiebt sich, daß [15/539] Beweggründe und äußerliche Veranlassung zur Tödtung mit einander vermischt worden sind, eine richtige Eintheilung daher auf diesem Wege nicht gewonnen werden kann. „Häusliche Zwistigkeiten" bilden einen Vorgang, mit welchem sowohl Eifer-

---

[1] *Unmäßigkeit im sinnlichen Genuß, besonders im Genuß geistiger Getränke und der sinnlichen Liebe.*

[2] *exzentrisches Auftreten.*

[3] *Cayenne ist die Hauptstadt des französischen Überseedépartements Französisch-Guayana, zu welchem der „Archipel der Verdammten" mit der Teufelsinsel gehört. Dort gab es eine französische Strafkolonie, die von 1852 bis 1951 bestand.*

sucht als auch Ehebruch und Habsucht, sogar Haß und Rache im engsten Zusammenhang stehen können.

Als eine erste und höchst wichtige Gruppe von Mordthaten werden diejenigen zu erachten sein, welche aus wirthschaftlichen Beweggründen hervorgehen, unter denen nach ihrer sittlichen Verwerflichkeit die Habsucht, die zum Raubmorde hinführt, obenansteht und deswegen schon in der älteren Strafrechtspflege mit härterer Strafe ausgezeichnet wurde. Das Mißverhältniß zwischen dem zu erwartenden Geldgewinne und dem Tod des Opfers ist hier meistens um so größer, als der Thäter häufig in der Lage war, seine Absicht auch durch Diebstahl, Betrug oder Raub zu erreichen. Wenn dennoch um kleinerer Geldsummen willen an Stelle minder schwerer Verbrechen gerade Mord begangen wird, so liegt darin eine Hinweisung auf die Thatsache, daß die Ermittelung einer Mordthat Verbrechern schwieriger erscheint, als die Entdeckung eines Diebstahls, bei welchem der Beschädigte Zeugniß ablegen würde. Den Fällen des Raubmordes am nächsten kommen diejenigen Missethaten in denen der eines Eigenthumsverbrechens Schuldige sich des Mitthäters oder Zeugen entledigt, weil er von dessen Seite Verrath, Anzeige oder Bestrafung zu befürchten hätte. Demnach würde diese Kategorie gegenwärtig zu denjenigen Mordthaten gerechnet werden, welche aus Haß und Rache begangen worden sind.

Das Element des Hasses gegen die ermordete Person giebt vielen um eines Vermögensvortheils willen oder aus Gewinnsucht verübten Tödtungen eine eigenthümliche Färbung. Dem Straßenräuber, der eines vorübergehenden Reisenden harrt[1] und ihn aus Gewinnsucht tödtet, ist es überall nur um dessen Eigenthum und [16/540] seine eigene Straflosigkeit zu thun. Die bestimmte Person kommt für ihn, vom Besitze abgesehen, nicht in Betracht; sie ist ihm als solche nicht verhaßt, sondern einfach gleichgültig. Das Motiv des Tödtens ist für ihn im Vergleich zu demjenigen der Beraubung nebensächlich; er würde den Bettler, der ihn beleidigt hatte, verschonen, während er den Reichen, obwohl ihm dieser früher eine Wohlthat erzeigt haben mochte, umbringt. In gewissen anderen Verhältnissen handelt der gewinnsüchtige Mörder aus ingrimmigem[2] Haß gegen solche, die der Erreichung seiner Absichten im Wege stehen; zum. Beispiel gegen diejenigen, die durch ihr Dasein den Weg zu einer Erbschaft versperren, oder den ausschließlichen Genuß eines Vermögens vereiteln, das sie mit ihrem Mörder theilen müßten. Die Ziffer[3] der aus diesem Grunde begangenen Mordthaten ist in Europa keine ganz geringe; die Klasse der vornehmen Giftmischer gehört zu ihr. Heuchelei, Vertrauensmißbrauch, Täuschung und jahrelang schleichende Bosheit, die in das

---

[1] *auf ihn wartet, ihm auflauert.*

[2] *Ingrimm: heftiger Zorn; verbissene Wut.*

[3] *Anzahl, Zahl.*

Familienleben hineingetragene Kunst täglicher Verstellung und ein häufig erstaunenswürdiger Grad von Scharfsinn, erheben die Schuldigen hoch hinaus über die Verworfenheit des Straßenräubers. Die besonders schwere Strafe, die ältere Gesetze auf den Giftmord gesetzt hatten, ist in neuerer Zeit wiederum zur allgemeinen Gleichheit aller Mordfälle eingeebnet worden.

Zugehörig zu dem Wirkungskreis gewinnsüchtiger Motive sind auch solche, in neuerer Zeit sich mehrende Mordthaten, die das Endergebniß langsamen wirthschaftlichen Verfalles und tief fressender N a h - r u n g s s o r g e n [1] sind. Ungünstige und unberechenbare Zufälle, überlegene Concurrenz eines gewerblichen Nebenbuhlers[2], Unbeholfenheit und Mangel an Berechnung vernichten heutzutage leichter, als sonst, eine anscheinend fest begründete Ordnung des Hausstandes. Der Möglichkeit eines lohnenden Erwerbes beraubt, unfähig einen anderen Nahrungszweig zu ergreifen, unterliegen zumal in Großstädten alljährlich zahlreiche Unglückliche, anfangs [17/541] ohne sittliche Verschuldung der m o d e r n e n   S c h i c k s a l s t r a g ö - d i e n   d e s   w i r t h s c h a f t l i c h e n   R u i n s , in deren letztem Akte Selbstmord, Urkundenfälschung, heimli-

---

[1] „Nahrung" hat in der Zeit eine weitere Bedeutung und bezeichnet alle notwendigen Lebensbedürfnisse, nicht nur die Nahrung im heutigen engen Sinne.

[2] Konkurrent, im engen Sinne: um die Gunst einer Frau, aber hier im übertragenen Sinne.

che Flucht, Auswanderung in die jenseits des Oceans belegenen Länder, lügenhafte Bettelei*[,]* öffentliche Armenunterstützung erscheinen. Unedlere Naturen denken in solchen Fällen nur an sich selbst und überlassen die Ihrigen der Noth. Andererseits sind es die besseren Charaktere, die auf der letzten Sprosse der Verzweiflung angelangt und von aufrichtiger Liebe zu den Ihrigen getrieben, den verhängnißvollen Beschluß fassen, diejenigen, die sie weder aus der Noth erretten, noch auch vor Schande, Armuth oder Almosen bewahren können, durch einen schmerzlosen Tod zu erlösen. Gerade im Stande der ehrliebenden Handwerker und Gewerbetreibenden fanden sich bisher am häufigsten solche, welche durch den bloßen Gedanken an öffentliche Unterstützung im Innersten erregt wurden und die Vernichtung ihrer Familie weitaus der Erniedrigung vorzogen. Zuweilen bleibt der Mörder der eigenen Kinder wider seinen Willen am Leben, weil nach der ungeheuren Anspannung seiner Kräfte die Hand plötzlich von Zittern ergriffen wird, wenn sie sich gegen das eigene Leben kehrt oder auch weil eine unvorhergesehene Dazwischenkunft dritter Personen die Vollendung des begonnenen Werkes vereitelt. Mitleid mit dem Elend geliebter Wesen, ein hoch entwikkeltes Ehrgefühl, die Furcht vor der Geringschätzung der Standesgenossen, kurz eine Reihe an sich achtungswerther Beweggründe und Empfindungen paart sich vor der That mit dem Mangel an wirthschaftlicher Kraft und erzeugt einen Akt der Vernichtung, angesichts dessen für den theilnahmvollen Beobachter die

Aufgabe der Strafrechtspflege viel weniger wichtig erscheint, als die Frage, ob auf der schiefen Ebene zwischen häuslichem Glück und moralisch nicht verschuldetem Wirthschaftsverfall einer Heimstätte das Hinabrollen in den Abgrund der Verzweiflung und der Verarmung durch keinen Hemmschuh[1] v o r b e u g e n - d e r [18/542] Hülfe aufgehalten werden könnte? Ob es schlechthin keine Möglichkeiten gebe, die nicht ehrenmindernde Unterstützung, die bei großen Nothfällen der Ueberschwemmung oder Hungersnoth zur Aufrechterhaltung des wirthschaftlichen Bestandes ganzer Bevölkerungsklassen zu Theil wird, auch zur Errettung Einzelner unter ähnlichen Bedingungen verwendbar zu machen? Das riesige Wachsthum der Großstädte, dessen Begleiterin die Verwickelung der wirthschaftlichen Processe ist, läßt leider die Voraussage zu, daß die Vernichtung ganzer Familien aus dem Beweggrunde verzweiflungsvoller Nahrungssorgen eher zunehmen, als sich vermindern möchte.

Da die Klasse der aus Nahrungssorgen hervorgegangenen Tödtungen, psychologisch betrachtet, einen starken Zusatz positiv besserer Beweggründe, insbesondere des Ehrgefühls und des Mitleidens aufweist, so wird es im Interesse der Beobachtung geboten *[sein]*, sie überall als eine besondere sociale Erschei-

---

[1] *Mit einem Hemmschuh werden Eisenbahnen oder Kutschen abgebremst. Er wird zwischen Rad und Boden oder Schiene platziert. Hier im übertragenen Sinne von: Hindernis.*

nung in den statistischen Tabellen ersichtlich werden
zu lassen. Diejenigen Gesetzgebungen welche, wie
England und Frankreich, auch den Kindesmord als
todeswürdiges Verbrechen behandeln, würden diesen
als jenen Tödtungsfällen nahe verwandt in der Reihen-
folge anzuschließen haben. Denn im Kindesmord findet sich, freilich unter einem andern Mischungsver-
hältniß die gleiche Vereinigung von Motiven wieder:
weibliches Ehrgefühl, Furcht vor Schande, neben
wirthschaftlichen Nahrungssorgen.

Neben der großen Gruppe der ökonomischen Beweggründe, als einem für die Strafstatistik bedeutsamer Faktor der verbrecherischen Gesammt-
Erscheinungen, stehen die geschlechtlichen
Triebfedern. Sie sind insofern bei Tödtungen sogar
eingreifender und wirkungsvoller, als hinsichtlich der
Anreizungen der Gewinnsucht immer noch die schwer
zu beantwortende Frage rückständig bleibt: warum die
aus Eigennutz hervorgegangene Handlung nicht die
gleichfalls mögliche Wendung gegen fremdes Ver-
[19/543]-mögen, sondern vielmehr den direkten Angriff
auf fremdes Leben hervorrief? Bei geschlechtlichen
Verirrungen und zerrüttenden Ausschweifungen[1] liegt
von vorn herein die Beziehung zu persönlichen Rechten und Pflichten viel näher, wennschon nicht ver-

---

[1] *Im Hintergrund steht hier eine Annahme, daß „Ausschweifungen" die Personen selbst zerstören und so Verbrechen beför-
dern.*

kannt werden darf, daß die großstädtische, gewerbs-
mäßige Unzucht und das höchst gefährliche Zuhälter-
wesen der persönlichen Sicherheit und dem Eigenthum nahezu in gleichem Maße gefährlich werden
können.

Im Einzelnen kommen auf der Grundlage geschlechtlicher Verhältnisse als Motive in Betracht:

1. Eifersucht unverheiratheter oder verheirathe-
ter Personen, letzteren Falles meistentheils in Verbindung mit dem Verdacht des Ehebruchs; 2. geschlechtliches Ehrgefühl auf Seiten solcher, die
sich entweder durch Verführung oder durch Untreue
eines Geliebten beleidigt fühlen, wobei mit Rücksicht
auf die bisherigen Wahrnehmungen in der Strafrechtspflege als wahrscheinlich behauptet werden darf, daß
auf Seiten der männlichen Angeklagten mörderische
Eifersucht, auf Seiten der Frauen geschlechtliches
Ehrgefühl in stärkerem Maße betheiligt zu sein pflegt.
3. Verzweiflung Liebender, welche im Hinblick auf
ein ihrer Vereinigung entgegenstehendes Hinderniß
entweder gleichzeitigen Selbstmord oder wechselseitig
zu vollziehenden Mord verabreden und demgemäß in
überlegter Weise durchführen. 4. Der Beweggrund
unzüchtiger[1] Liebe, welcher sich in einer Anzahl
äußerlich verschiedener Mordthaten ausprägen kann,
vornehmlich in der Tödtung eines Ehegatten, welcher

---

[1] *wollüstig, obszön.*

der Fortsetzung eines ehebrecherischen Verhältnisses im Wege steht, einer lästig gewordenen Geliebten, die den Neigungen zur Ausschweifung eine Schranke setzt, oder solcher Personen, deren sich die Thäter zu unzüchtigen Zwecken gewaltsam bemächtigt hatten. Schon die ältere Criminalpsychologie hat auf den häufiger hervortretenden Zusammenhang zwischen geschlechtlicher Ausschweifung und blut-[20/544]-dürstiger Grausamkeit hingewiesen. In Berlin sind im letzten Jahrzehnt mehrere Fälle vorgekommen, in denen der widernatürliche Mißbrauch von Kindern mit deren grausamster Abschlachtung verbunden war, und auch Anna Böckler's Ermordung[1] scheint in diese Klasse zu gehören. Freilich zeigt sich auch hier die Schwierigkeit einer Abgrenzung der verbrecherischen Motive von der zu ihrer Aeußerung führenden Veranlassung. Der Psychologe wird schwanken, ob er in den zuletzt erwähnten Fällen als Grund der Tödtung einen

---

[1] *Es handelt sich um einen Fall aus dem Jahre 1872, bei dem die 4 ½ Jahre alte Anna Böckler in Neuvorpommern am 24. Juni des Jahres verschwand. Zunächst wurden ohne Grund Zigeuner verdächtigt, sie entführt zu haben. In der Folge kam es zu zahlreichen Berichten, ein blondes Kind sei unter Zigeunern gesichtet worden. Im Sommer 1873 fand man dann aber die Leiche ganz in der Nähe des Elternhauses in einer Scheune vergraben. Verdächtigt wurde der noch nicht volljährige Dienstjunge Fritz Schütt, der schließlich wegen Mordes zu fünfzehn Jahren Gefängnis (wegen seiner Minderjährigkeit) verurteilt wurde. Näheres zum Fall findet sich in: Willibald Alexis: Der Neue Pitaval, F. A. Brockhaus, Neue Serie, Neunter Band, Sechstes Kapitel.*

durch Geschlechtsreize unnatürlichster Art hervorgerufenen Blutdurst oder die Furcht vor Entdeckung
und Strafe anzusehen hat, oder die Empfindungen der
Blutdürstigkeit, Wollust und Feigheit neben einander
hergehen. Bemerkenswerth bleibt freilich, daß in manchen derartigen Fällen die volle Zurechnungsfähigkeit
der Thäter von Sachverständigen in Zweifel gezogen
wurde, obwohl angesichts der moralischen Ungeheuer-
lichkeit der That und der durch sie hervorgerufenen
allgemeinen Aufregung Muth dazu gehörte, solche
Zweifel auszusprechen. Nach der ihm innewohnenden
Sympathie läßt das Publikum es ruhig geschehen,
wenn bei Kindesmörderinnen die Zurechnungsfähigkeit für und wider erörtert wird; es pflegt aber in Ent-
rüstung zu gerathen, wenn Irrenärzte[1] in wissenschaftlich abgekühlter Stimmung den inneren Schuldzustand
eines Menschen prüfen wollen, dessen Verdammung
im öffentlichen Interesse nothwendig erscheint. Je
unmenschlicher eine That, desto mehr pflegt, dem In-
stinkte der Furcht folgend, die öffentliche Meinung
gleichsam die Zurechnungsfähigkeit des Thäters
zum Zwecke der Verurtheilung zu wünschen, während
eben aus denselben Umständen in ärztlichen Beobach-
tern der erste Verdacht geistiger Störungen empor-
dämmert.

Sicherlich läßt sich für die große Klasse der aus ge-
schlechtlichen Verirrungen entspringenden Mordtha-

---

[1] *In der Zeit die gebräuchliche Bezeichnung für Psychiater.*

ten nicht in Abrede stellen, daß sie in höherem Maße als jene erste Abtheilung der [21/545] von wirthschaftlichen Rücksichten beherrschten Missethaten von der Naturkraft angeborener Leidenschaftlichkeit vorausbestimmt werden. Nur in seltenen Fällen fehlt bei der Ausführung der That ein Zusatz von Affekt. Auch das ist übrigens möglich, daß gelegentlich ökonomische Berechnung und geschlechtliche Unsittlichkeit mit einander gepaart sind, wie etwa in solchen Fällen, in denen sich ein ehebrecherisches Paar durch Ermordung des unschuldigen Ehegatten der Mittel zum verbrecherischen Lebensgenusse zu versichern gedenkt.

Eine dritte, sehr stark in der Strafrechtspflege vertretene Gattung von Motiven ist als diejenige d e s H a s s e s u n d d e r R a c h e zu bezeichnen, wobei nur in der negativen Richtung eine Abgrenzung thunlich ist, indem man diejenigen Fälle ausscheidet, in denen Haß und Rache nicht im unmittelbarsten Zusammenhang mit ökonomischer Berechnung etwaiger Verbrechensvortheile oder mit geschlechtlichen Erregungen gebracht werden können. Denn die aus der Geschlechtsliebe geborene Empfindung der Eifersucht ist im bestimmten Maße auch gleichzeitig diejenige des Hasses und in der stärksten Potenz sogar des Rachedurstes. Es ist völlig unmöglich, die Stufenleiter des Hasses und der Rachsucht auch nur annähernd zu bestimmen. So allgemein trotz der christlichen Sittenlehre solche Empfindungen in der heutigen Gesellschaft anzutreffen sind, so selten läßt sich eine Voraussage stellen, daß der etwa notorische[1] Haß des einen Menschen gegen den anderen sich in Verleumdungen, Vermögensbeschädigungen, Körperverletzungen oder Tödtungen äußern werde. In nicht wenigen Fällen hatte es der Mörder vorher angekündigt, daß der von ihm Gehaßte aus der Welt geschafft werden solle; wir Deutsche veranschlagen durchschnittlich den Werth solcher Drohungen so gering, daß der Gewarnte sich nicht weiter darum bekümmert, ob er bedroht wurde oder nicht, während in Italien der stärkere Glaube an die Macht des Rachegefühls gefährdete Personen [22/546] häufiger veranlaßt, im Interesse ihrer persönlichen Sicherheit Vorsicht zu üben und einer Begegnung mit dem Feinde auszuweichen.

Die zum Morde führenden Gründe des Hasses und der Rache werden zu verschiedenen Zeiten und bei verschiedenen Völkern je nach deren sittlichen Anschauungen und Lebensgewohnheiten in Beziehung auf die Häufigkeit bestimmter Tödtungsartens und die Stärke der ihnen zu Grunde liegenden Empfindungen besonders und eigenartig beschaffen sein.

Ueberall werden gelegentlich gewisse besonders reizbare Naturen aus Gründen zur Menschentödtung schreiten, welche bei der ungeheuren Masse anderer Menschen keinen nachhaltigen Eindruck auf das Empfindungsleben hervorzubringen vermögen. War es

---

[1] *allgemein bekannte.*

nicht geradezu unbegreiflich, daß ein Berliner Mörder seine eigenen Kinder wie junge Katzen ersäufte, um sich auf dieses Weise an seinen Eltern zu rächen[1], die ihre besondere Freude an den getödteten Enkeln gehabt hatten und ihres Umganges beraubt werden sollten? Zu keiner Zeit wird es an derartigen Mördern aus rein individuellen Gründen fehlen.

Bedeutsamer für den Culturhistoriker sind solche Verbrechen, die nachweisbar ihren Stammbaum nicht blos auf die eigenthümliche Beschaffenheit der Individuen, sondern außerdem in weiter aufsteigender Linie auf die Macht ererbter und in der Gesellschaft weit verbreiteter Vorurtheile zurückführen können. Die genauere Betrachtung dieser Verhältnisse erhebt gewisse Erscheinungen des Mordes zu einer völkerpsychologischen Thatsache.[2]

In den Anfängen der Menschheit steht allgemein wahrnehmbar die Uebung der Blutrache nicht

---

[1] *Möglicherweise handelt es sich um den Fall des Lithographen Biermann, der seine vier Kinder im Jahre 1854 ertränkte. Vgl. hierzu: Julius Eduard Hitzig und Willibald Alexis: Der neue Pitaval, Band 25, Folge 3, Teil 1, Leipzig 1858. Seite 184 ff.*

[2] *Der Begriff Völkerpsychologie wurde um 1800 von Wilhelm von Humboldt geprägt. Begründet wurde die Völkerpsychologie dann Mitte des 19. Jahrhunderts von Heymann Steinthal und Moritz Lazarus. Die Grundannahme ist die, daß Völker ähnlich wie Individuen eine eigene seelische Seite haben, die wissenschaftlich untersucht werden kann. Dies gilt als ein Vorläufer von Kultursoziologie, Ethnologie und Sozialpsychologie.*

nur als ein Recht, sondern als heilige Pflicht der nächsten Verwandten. Nach den eigenen Worten und Schilderungen der Bibel konnte in Ermangelung staatlicher Bildungen und staatlicher Obrigkeit der erste Mörder Kain nicht verurtheilt oder gerichtet werden. Gegen die somit selbst in der Bibel anerkannte und vorausgesetzte Blut-[23/547]-rache sollte ihn seine Brandmarkung durch das Kainszeichen schützen. Die Periode, welche erforderlich. ist, die alte Blutrache aus dem Volksgeiste auszurotten, könnte in ihrer Dauer und nach ihrer moralischen Bedeutung den Veränderungen in Folge geologischer Epochen verglichen werden. Je kürzer sie ist, einen desto deutlicheren Maßstab giebt sie uns für die Culturfähigkeit gewisser Nationen. Bei den Griechen, Römern und Germanen dem Gebiete des Mythus oder den ältesten historischen Anfängen zugehörig, ist bei den Orientalen, vornehmlich Arabern und Berbern, das Recht und die Pflicht der Blutrache vielfach festgehalten, während in Corsica die uralte Ueberlieferung blutigster Familienfehden in den Kampf um ihr Dasein mit den modernen Strafgesetzgebungen erst vor Kurzem eingetreten ist. Es ist ungerecht, die corsische „Vendetta"[1] und den Bluträcher, der den Vorurtheilen seines Volkes nachkommt, strafrechtlich als einen gemeinen Mörder zu behandeln; er hat denselben Anspruch, wie der vornehme Duellant, der im guten Glauben an seine

---

[1] *Blutrache.*

Ehrenpflicht den Gegner im Zweikampf tödtete, in Gemäßheit eines vom Gesetzgeber zwar zu bekämpfenden, doch auch die Schuld mindernden Volksvorurtheils bestraft zu werden. Bérenger[1] berichtet, daß in den französischen Bagnos[2], namentlich in Toulon, corsische Bluträcher sich selbst von anderen Verbrechern stolz absondern, mit solchen keinerlei Gemeinschaft haben wollen und als eine eigene Klasse von Menschen mit Achtung angesehen werden. Da die Familienfehde von Geschlecht zu Geschlecht weiter erbt, giebt sich der Bluträcher auch seinerseits wiederum der Verfolgung durch seine Feinde preis; da ferner die Sitte des Waffentragens trotz gesetzlicher Verbote im Innern Corsica's allgemein ist, so greift der Bluträcher in der Regel einen Bewaffneten an, der sich zur Wehre setzen könnte. Mit dem Kampf besteht also eine größere Aehnlichkeit, als mit dem feig einherschleichenden Morde der höher civilisirten Staaten.

---

[1] *René Bérenger (1830-1915) war ein französischer Anwalt, Kriminalist und Politiker.*

[2] *Im Italienischen bezeichnete Bagno, im Französischen Bagne eine Strafanstalt, in der zur Zwangsarbeit Verurteilte ihre Strafe verbüßten. Dies wurde auch als Galeerenstrafe (auch nachdem es diese im eigentlichen Sinne nicht mehr gab) bezeichnet und entsprach in etwa dem deutschen Zuchthaus. Der Name leitet sich daher ab, daß das Sklavengefängnis in Konstantinopel in den antiken Bädern, der ursprünglichen Bedeutung des Wortes, eingerichtet worden war.*

Franz von Holtzendorff

[24/548] Zu den aus Haß und Rache vorgenommenen Missethaten zählt auch der politische Mord. Er kann das unberechenbare Werk einzelner, außerhalb der großen Lebensströmungen handelnder Menschen sein. Aber auch bei ihm ist es möglich, daß er zu Zeiten allgemein verbreiteter Aufregung den Charakter einer socialen Erscheinung annimmt. Dies geschah beispielsweise so lange, als die antike Vorstellung von der Verdienstlichkeit des Tyrannenmordes[1] gangbar war oder gelegentlich nach dem Ausbruch revolutionärer Bewegungen wieder belebt wurde. In den Uebergangsperioden zwischen Republik und Monarchie wiederholen sich solche Erscheinungen; es ist unvermeidlich, daß sich unter der Despotie der Glaube an die Verdienstlichkeit und den Nutzen geheimer Verschwörungen weit verbreitet. Obwohl der politische Mord in germanischen Staatswesen stets seltener vorgekommen ist, als bei den Romanen[2], treten den-

---

[1] *Der bekannteste Tyrannenmord des griechischen Altertums ereignete sich im Jahre 514 v. Chr., als Harmodios und Aristogeiton ein Attentat auf die Tyrannen Hippias und Hipparchos verübten, bei dem der letztere ums Leben kam. Den Attentätern wurde in Athen ein Denkmal gesetzt. Die Ermordnung von Julius Caesar am 15. März 44 v. Chr. ist wohl der berühmteste Fall aus römischer Zeit. Allerdings wurden die Attentäter nicht derart einhellig für ihre Tat gewürdigt.*

[2] *Franz von Holtzendorff denkt hier möglicherweise an folgende Attentate: 1872 gegen Amadeus I. von Spanien, 1870 gegen den spanischen Premierminister Juan Prim i Prats, 1858 und zweimal 1855 gegen Napoleon III. von Frankreich, 1852 und 1855 gegen*

noch neuerdings gerade in den Südstaaten der amerikanischen Union Erscheinungen hervor[1], welche in ihrer Gefährlichkeit an die Zeiten der römischen Bür-

---

Isabella II. von Spanien und 1856 gegen Ferdinand II. beider Sizilien. Allerdings ist die Behauptung nicht leicht nachzuvollziehen, da es auch in den „germanischen Staatswesen" einige prominente Attentate gab, etwa 1840 und 1842 gegen Queen Victoria von Großbritannien, 1844 und 1850 gegen Friedrich Wilhelm IV. von Preußen, 1853 gegen Franz Joseph I. von Österreich, 1861 gegen Wilhelm I. von Preußen und 1866 und 1874 gegen Otto von Bismarck. Nicht zu vergessen ist natürlich auch die Ermordung von Abraham Lincoln im Jahre 1865.

[1] *In der „Reconstruction Era" von 1865 bis 1877 nach dem amerikanischen Bürgerkrieg wurden die Südstaaten von Republikanern, teilweise den aus dem Norden neu zugezogenen „Carpetbaggers", regiert, die sich auf das Militär stützten und die Abschaffung der Sklaverei und die Gleichberechtigung der Schwarzen gegen die unwillige weiße Bevölkerung durchzudrücken versuchten. Dagegen stellten sich die Demokraten, und es formierten sich Geheimbünde wie etwa der erste Ku-Klux-Klan, die ihnen mißliebige Politiker ermordeten. Ein Beispiel wäre etwa das Attentat auf den republikanischen Politiker George W. Ashburn 1868 in Columbus, Georgia. Die als „militärischer Arm der Demokratischen Partei" bezeichnete und 1874 gegründete „White League" verübte mehrere Massaker, wie etwa das in der Stadt Coushatta, Louisiana, bei dem sechs republikanische Amtsinhaber und zwanzig schwarze Begleiter ermordet wurden. Am 4. September 1874 lieferten sich 5.000 ihrer Mitglieder eine Schlacht mit 3.500 Polizisten in New Orleans und brachten zeitweise den Regierungssitz des republikanischen Gouverneurs William P. Kellogg in ihre Gewalt. Erst als Präsident Grant Truppen in die Stadt schickte, konnten die Machtverhältnisse wiederhergestellt weden.*

gerkriege[1] und der sullanischen Proscriptionen[2] erinnern.

Aus politischem Haß sind auch solche Mordthaten herzuleiten, denen durch ein verirrtes Nationalgefühl das Verdienst des Patriotismus zuerkannt wird: die hinterlistige Niedermetzelung einquartirter Soldaten während des Krieges[3], wobei sich die Gränzlinie zwischen falscher Begeisterung, düsterem Fanatismus und grundsätzlich verkehrtem Rechtsgefühl vollständig zu verwirren pflegt. Hat einmal ein Volk offen, unter Verzichtleistung auf die Regeln civilisirter Kriegfüh-

---

[1] *Die Römischen Bürgerkriege währten von 133 bis 30 v. Chr. in der Endphase der Römische Republik. Der Anlaß waren die gescheiterten Gracchischen Reformen, bei denen es vor allem um eine Agrarreform ging, und die eine Auseinandersetzung zwischen den Optimaten, den Anhängern der Oberschicht, und den Popularen war, die sich auf den Willen des Volkes beriefen.*

[2] *Bei den Römern bedeutete eine Proskription, daß jemand geächtet wurde und von jedem getötet werden durfte (je nachdem sogar dafür belohnt wurde). Besonderen Gebrauch machte davon der Führer der Optimaten Lucius Cornelius Sulla, dem die Popularen unter Gaius Marius und Lucius Cornelius Cinna gegenüberstanden. Nachdem Sulla Diktator geworden war, nutzte er Proskriptionen, um seine Gegner auszuschalten.*

[3] *Vermutlich meint Franz von Holtzendorff den Krieg von 1870/71. Was die Deutschen erbost, sind etwa Freischärler, die nicht als Soldaten kenntlich, aus dem Hinterhalt auf die deutschen Truppen feuern. Es kommt auch zu mehreren Morden aus „Nationalhaß" gegen Deutsche, wobei die Täter von den französischen Gerichten freigesprochen werden.*

rung, den Kampf bis auf's Messer, wie die Spanier nach ihrer Erhebung vom Jahre 1808[1], angesichts des Feindes verkündet, so läßt sich vom moralischen Standpunkt aus nicht behaupten, daß die im Voraus angesagte Vernichtung des Feindes als Mord anzusehen sein würde; es wäre das ebenso wenig zulässig, wie die Behandlung derjenigen, die dem völlig wehrlos gewordenen Feinde im Felde Pardon[2] [25/549] verweigerten, den für Mord geltenden Strafrechtsregeln angepaßt werden könnte. Solche Rückfälle in die Barbarei wäre man versucht, als moralischen Atavismus[3] zu bezeichnen.

Unter die allgemeine Bezeichnung politischer Mordthaten fallen auch diejenigen tödtlichen Angriffe auf Beamte, welche entweder aus grundsätzlichem Haß gegen die Vertreter der Obrigkeit, oder im Widerstande gegen Amtshandlungen oder im Beginn einer aus-

---

[1] *Gemeint ist der Aufstand vom 2. Mai 1808 („Dos de Mayo") in Madrid gegen die französische Besatzung. Bekannt sind die Ereignisse etwa durch das Bild „Die Erschießung der Auständischen" von Francisco Goya. Hieraus entwickelte sich der spanische Unabhängigkeitskrieg, der in weiten Teilen als ein irregulärer Kleinkrieg („Guerrilla") geführt wurde und den Franzosen zu schaffen machte.*

[2] *Begnadigung, hier im Sinne von: einen wehrlosen Gegner verschonen.*

[3] *Wiederauftreten von verschwundenen und überholten Erscheinungen (etwa in der Anatomie).*

brechenden Empörung[1] verübt werden. Auch sind manche Fälle nicht zu unterschätzen, die neuerdings einen Platz in der französischen Wahlstatistik finden: Politische Gegner fallen aus Veranlassung der Wahlen mit mörderischen Waffen einander an.

Endlich darf man auch die aus religiösem Fanatismus verübten Mordthaten hierher zählen. Im Wesen gewisser Religionssysteme liegt es, der Unduldsamkeit und dem Haß Vorschub zu leisten. Die gelegentlich hervorbrechenden Akte des Fanatismus, deren sich die Bekenner ostasiatischer Religionssysteme[2] oder Muhammedaner[3] gegenüber christlichen Missionären oder Reisenden schuldig machen, erregen den Unwillen und das Erstaunen europäischer Staatsmänner. Diese sollten jedoch nicht vergessen, daß die christliche Kirche des Mittelalters sich genau derselben Missethaten schuldig machte. Würden die Missionäre

---

[1] *Erhebung, Aufstand.*

[2] *Der Bezug ist nicht ganz klar. Denkbar wären etwa die, allerdings zu der Zeit schon etwas zurückliegenden, Verbote des Christentums in Japan und China und entsprechende Verfolgungen von Christen im 17. Jahrhundert.*

[3] *Ein denkbarer Bezug wären die gewalttätigen Auseinandersetzungen 1860 im Libanon zwischen maronitischen Christen einerseits sowie Drusen und Moslems andererseits mit etwa 20.000 toten Christen. Kaiser Napoleon der III. übte Druck auf das osmanische Reich aus, woraufhin ein französisches Expeditionskorps stationiert und der Konflikt beendet wurde.*

des Islam in den christlichen Provinzen Spaniens während des Mittelalters mit dem Leben verschont worden sein? Und würde man ihre Mörder vor ein christliches Gericht gestellt haben? Die Geschichte der Mauren in Spanien[1], der Ketzerinquisitionen[2] und der Judenverfolgungen[3] zwingt uns, diese Frage durchaus zu verneinen. Die Unduldsamkeit des Islam im neunzehnten Jahrhundert ist nicht größer, als diejenige der christlichen Kirche im zwölften Jahrhundert gewesen ist. Wäre die Staatsgewalt in ihrer Unabhängigkeit von der Kirche nicht so weit erstarkt, daß sie mit ihren eigenen Mitteln die öffentliche Sicherheit zu [26/550] schützen vermöchte, so würden sich auch heute noch ähnliche Erscheinungen wiederholen; einer gläubigen

---

[1] *Nach Abschluß der Reconquista (Wiedereroberung) Spaniens durch die christlichen Herrscher 1492 begann um 1499 trotz gegenteiliger Zusicherungen, ab 1502 auch formell, die Zwangsbekehrung der Moslems. Die Alternative war ihre Ausweisung. Die sogenannten Moriscos traten zum Christentum über. Da sie aber verdächtigt wurden, im Geheimen weiter am Islam festzuhalten, was teilweise auch der Fall war, wurden sie wie die Maranos (Konvertiten vom Judentum) als Klasse mit geringeren Rechten behandelt.*

[2] *Etwa die spanische, portugiesische und römische Inquisition, die im späten 15. Jahrhundert begannen.*

[3] *Unter anderem Verfolgungen im Zuge der Kreuzzüge vom 11. Jahrhundert an und während der Pestepidemien im 14. Jahrhundert, Vertreibung aus England im 13. Jahrhundert und aus Frankreich und Österreich im 14. Jahrhundert.*

Volksmasse, der von den Priestern eingeredet wird, daß Andersdenkende verdammt sind, wird es immer schwer werden, in religiösen Dingen Widerspruch stillschweigend zu ertragen. Die Strafgesetze des Staates werden nach und nach unwirksam, wenn ihre Verletzung als ein Verdienst vor Gott angepriesen wird. Die Macht des Clerus ist in gewissen zurückgebliebenen Bevölkerungen noch heute stark genug, um planmäßig jenen Fanatismus großzuziehen, der sich in gewaltthätigen Angriffen gegen Andersgläubige Luft macht. Insbesondere ist nicht zu verkennen, daß eine anscheinend kindische oder harmlose Art, gewissen Regenten oder Staatsmännern ein schmähliches Ende oder den baldigen Tod unter dem Hinweis auf den „Finger Gottes" zu prophezeien, sehr wohl geeignet ist, schwache Köpfe in Verwirrung zu bringen oder eitle Menschen dazu anzustacheln, daß sie sich als ein Instrument in den Händen der vermeintlichen Vorsehung zur Begehung eines Verbrechens ausrüsten. Die Thaten gewisser Religionsfanatiker haben das Eigenthümliche, daß wie bei manchen Irrsinnigen die denkbar schärfste Ueberlegung der Verbrechensmittel mit einer nahezu unwiderstehlich gewordenen Leidenschaft Hand in Hand geht, so daß das herkömmliche juristische Bild des Mordes in einer völlig veränderten Beleuchtung erscheint.

Selbst die planmäßige Beförderung des Wunderglaubens ist nicht ohne einen bedeutenden Antheil an der Gefährdung des menschlichen Lebens durch reli-

giösen Fanatismus. Wie die Tapferkeit mancher Soldaten erwiesenermaßen auf dem Glauben an die schüt-
zende Macht der Amulette, der Gelübde oder gewisser
Gegenstände beruht, gerade so verscheucht der gläu-
bige Schwärmer die letzten Zweifel seines Gewissens
mit der festen Ueberzeugung, daß ein Wunder der
Heiligen ihn aus der Gefahr erretten oder wie den heiligen Petrus aus dem Kerker befreien könne[1].

[27/551] Die Praxis der geistlichen Prophezeiungen,
die Sprache einer die ruhige Ueberlegung verwirrenden
Mystik, die fortgesetzte Erregung abergläubischer Bevölkerung durch Schaustellung vermeintlicher Wunder
sind so lange unschädlich, als es an einem geeigneten
Gegenstand des Hasses oder einer hinreichend starken
Feindschaft dem Clerus fehlt. Sie werden in demselben
Augenblick gefährlich, in welchem der Fanatismus ein
deutliches Angriffs-Objekt vor sich sieht.

Wo der Wunderglaube unter dem Titel des Religi-
ons-Unterrichts durch den Staat selbst eifrig gepflegt
wurde, kann dieser freilich seine Mitschuld nicht ab-
lehnen, wenn sich gelegentlich gegen ihn selbst, gegen
seine Leiter, der „fromme Aufruhr" erhebt. Denn
kein Philosoph und kein Geistlicher vermag zu sagen,
wann die Periode der Wunder aufgehört hat, auf wel-

---

[1] *Der jüdische König Herodes Agrippa I. verfolgte die Jerusale-
mer Urgemeinde. Er ließ dabei auch Simon Petrus verhaften und
zwischen zwei Bewachern in einer Gefängniszelle anketten. Ein
Engel soll ihn aus der Lage befreit haben (Apg 12,1–19).*

chem Wege der Unkundige den betrügerischen Schwindel von dem modernen Wunder unterscheiden kann, und wie hoch die Ziffer der legitimen Wunder in der Geschichte der Menschheit sei. Zu tief ist in der Menschheit der Glaube festgewurzelt, daß dasjenige, was einmal geschehen ist, sich auch eben deswegen wiederholen kann, zu stark das Interesse der Glaubenswächter, den wankenden Glauben an die Wunder vergangener Jahrtausende durch moderne Abspiegelungen der Wunderverrichtung neu zu beleben und zu stärken.

Nicht ganz gering ist in der Gegenwart die Zahl derjenigen Verbrechen, welche aus dem kirchlich großgezogenen Wunder- und Aberglauben entspringen. Von Zeit zu Zeit flackert der Wahn der Hexerei, zumal in ländlichen Distrikten, wieder auf und führt zu Gewaltthätigkeiten oder Tödtungen von vermeintlich Schuldigen, was nicht gerade verwunderlich erscheint, wenn man erwägt, daß einzelne Geistliche es als ihre Aufgabe betrachten, die lebhafte Einbildungskraft beschränkter Menschen durch grelle Schilderungen des Teufels und der Hölle aufzuregen. Wo Wun-[28/552]-der in Krankenheilungen sich unter geistlicher Assistenz vor den Augen der Menge abspielen, wird nach natürlichen Gesetzen sich auch die Kehrseite offenbaren, indem unerklärliche Schadenszufügungen, insbesondere unaufgeklärt gebliebene Erkrankungen von Hausthieren als eine Wunderverrichtung des Teufels und der mit ihm verbündeten Hexen angesehen werden. Noch im Laufe des gegenwärtigen Jahres wurde in Bayern eine vermeintliche Hexe durch den Schrotschuß eines Bauerburschen tödtlich verletzt.[1]

Politischer und religiöser Wahn kann sich übrigens mit gesellschaftlichen Gegensätzen verbünden und dann in verdoppelter Stärke Eigenthum und Leben gewisser Personen dauernd gefährden. Jene zahlreichen Mordthaten, welche zeitweise in Irland gegen Grundeigenthümer oder große Pachtbetriebe von besitzlos gewordenen Pächtern verübt wurden und häufig unentdeckt blieben, entstammen einem schwer zu enträthselnden Gewirre kirchlich religiöser, politisch nationaler[2] und wirthschaftlich persönlicher Beweggründe, unter deren gemeinschaftlichem Drucke die Thäter sich selbst vorspiegeln, daß sie ein menschlich und göttlich entschuldbares Werk der Rache an ihrem Opfer vollbracht haben. Eine stillschweigend sich verzweigende Verschwörung gleichfühlender Genossen steht, Straflosigkeit verbürgend, zur Flucht helfend, die Sicherheitsbeamten täuschend und die Rechtspfle-

---

[1] [Anmerkung 5:] Einige andere neuere Fälle s. bei N i p - p o l d, die gegenwärtige Wiederbelebung des Hexenglaubens. Berlin 1875 (Heft 57. 58 der Deutschen Zeit- und Streitfragen).

[2] Die „Fenian Brotherhood" war eine Geheimorganisation ethnischer Iren, die in Irland und den USA in den Jahren 1858 und 1859 für den irischen Unabhängigkeitskampf gegründet wurde. Die Fenier bildeten eine lose zusammenarbeitende Organisation und verübten zahlreiche Anschläge.

ge hemmend, dem Verbrecher zur Seite und ermuntert zu neuen Missethaten.

Dieselbe Vermischung politischer Irrthümer und wirthschaftlichen Eigennutzes kennzeichnet die Gräuelthaten der Pariser Commune vom Jahre 1871[1], wobei es schwer fällt, bei den einzelnen Mordthaten festzustellen, ob sie vorwiegend das Werk politischen Hasses, persönlicher Rache oder eigennütziger Gewinnsucht gewesen sind; immerhin bleibt zuzugeben, daß die Thäter sich selbst und ihr Gewissen durch die Vorspiegelung einer ihnen inne-[29/553]-wohnenden Berechtigung in den Wahn eines nothwendigen, nützlichen oder gar verdienstlichen Thuns hineingeredet hatten.

Endlich giebt es Verbrechens-Erscheinungen, bei denen die Gleichgültigkeit gegen fremdes Leben in Verbindung tritt mit dem berufsmäßigen Verbrecherthum ständig eingerichteter[2] Räuberbanden. Auch hier hört der Mord auf, eine Erscheinung individueller Bosheit zu sein, er wird zu einer gesellschaftlichen[3]

---

[1] *Die Pariser Kommune war der während des Deutsch-Französischen Krieges gebildete Pariser Stadtrat vom 18. März 1871 bis 28. Mai 1871, der Paris nach sozialistischen Vorstellungen verwalten wollte. Im Zuge der Kämpfe mit den Regierungstruppen brannten die Kommunarden verschiedene öffentliche Gebäude wie den Tuilerienpalast nieder. Außerdem wurden Geiseln erschossen.*

[2] *dauerhaft eingerichtet.*

[3] *Franz von Holtzendorff benutzt den Begriff „Gesellschaft" in*

Massenschuld, wobei es nicht leicht ist, die Verantwortlichkeit des Thäters gegenüber der Mitwirkung Anderer genau abzugrenzen.

In der Gegenwart ist es vornehmlich das Unwesen zahlreicher Räuberbanden in Mittelitalien, Neapel und Sicilien, welches in seiner weiten, beinahe unabsehbaren Verzweigung den regelmäßigen Mitteln der Strafrechtspflege, des Schwurgerichtsprocesses und des polizeilichen Sicherheitsdienstes erfolgreich zu trotzen vermag, weil das Gefühl für Recht und Unrecht, die Achtung fremden Lebens und Eigenthums durch überlieferte Mißregierung[1] zerstört worden ist. Langsam aber sicher erzeugt die Herrschaft einer um die öffentliche Moral unbekümmerten Despotie in den ihr unterworfenen den Glauben an die natürliche Ueberlegenheit der Gewaltthat, an die Nützlichkeit geschickt

---

einem präziseren Sinne, als er heute meist verwendet wird. Gemeint ist hier, daß die Schuld nicht allein bei dem einzelnen liegt, sondern auch von denen mit getragen wird, mit denen er sich „in Gesellschaft" befindet. Damit sind konkrete Verbindungen und nicht „die Gesellschaft" in einem abstrakten Sinne gemeint. Je nachdem kann allerdings auch die Gesellschaft, die mitwirkt, sehr umfassend sein, wenn etwas verbreitete Vorurteile einen einzelnen zu seine Tat bestimmen.

[1] *Gemeint ist das Königreich beider Sizilien, das die Insel Sizilien und den südlichen Teil der italienischen Halbinsel umfaßte und zu den rückständigsten Staaten Europas zählte, bis es unter dem Druck von Giuseppe Garibaldis „Rothemden" 1860 zusammenbrach und ein Teil des Königreichs Italien wurde.*

angelegter Verschwörungen, an die Räthlichkeit[1] der
Feigheit, welche nicht mehr wagt, sich gegen drohende
Verbrechen zur Wehr zu setzen, sondern es vorzieht,
die eigene Sicherheit durch einen Tribut an den Räu-
ber zu erkaufen, nachdem das Vertrauen in die Fähig-
keiten und den guten Willen der Regierung geschwunden ist. Viele sagen sich alsdann, daß es vortheilhafter
sei, eine periodische Besteuerung von Seiten verbrecherischer Banden sich gefallen zu lassen. Zur Straflosigkeit des Verbrechers mitzuwirken, erscheint unter
solchen Verhältnissen der eigenen Sicherheit dienli-
cher, als eine Unterstützung der Strafrechtspflege mit
der wahrscheinlichen Folge, daß den Angeber[2] oder
den Belastungszeugen, [30/554] sogar den Richter und
Geschwornen der Dolchstoß oder Messerstich des
Rachsüchtigen trifft.

Es ist schwer, sich eine richtige Vorstellung von
den Zuständen zu machen, welche in Neapel und Sicilien die beiden verbrecherischen Gesellschaften der
Camorra und Maffia im Zusammenhange mit ständig
gewordenen Räuberbanden nach dem Sturz der
Bourbonischen Gewaltherrschaft[3] herbeigeführt haben; Straßenraub, dem jährlich eine bestimmte An-

---

[1] *Ratsamkeit.*

[2] *der das Verbrechen anzeigt.*

[3] *Die Bourbonen waren bis 1860 das Herrscherhaus des Königreichs beider Sizilien.*

zahl von pflichttreuen Soldaten und Beamten zum Opfer fällt, ohne daß die mörderische Kugel, die ihn traf, auf einen bestimmten Urheber zurückgeführt werden könnte, Menschenraub, der sich den Gefangenen gegen hohes Lösegeld abkaufen läßt, Erpressung, welche ihre nur zu glaubhaften Drohbriefe an die Besitzenden richtet, sorgfältig geplanter, mit Hülfe des Hausgesindes[1] ausgeführter Diebstahl, beständige Lebensgefährdung derjenigen, die ein beschlossenes Verbrechen zu hindern suchen, das System der vom Verbrecher bezahlten Handlangerdienste und die Bereitwilligkeit aller Schwankenden und Schwachem an der unrechtmäßigen Beute des Stärkeren Antheil zu haben, Bestechung oder Einschüchterung von Mitwissenden, Zeugen und selbst Beschädigten, Freisprechungen im Schwurgericht selbst solcher, deren Verbrechen auf offener Straße, im Angesicht der Sonne und in Gegenwart zahlreicher Zeugen begangen wurde. Die allgemeine Furcht vor dem Mord wirkt hier nicht Abscheu und Haß, sondern Begünstigung und Schmeichelei für den Mörder.

Daß die Motive, deren Endergebniß in der willkürlichen Vernichtung eines Menschenlebens hervortritt, auch bei dem Raubmord in seiner allergefährlichsten Gestalt, nämlich innerhalb des ständig organisirten Bandenwesens, von der Rücksicht auf die Beschaffen-

---

[1] *Dienstboten eines Gutsherren.*

heit und Härte der Strafe nicht beeinflußt wird, lehren gerade die Erfahrungen in Neapel und Sicilien.

In ganz Italien besteht, von T o s c a n a abgesehen[1], die [31/555] Todesstrafe für schwerste Verbrechen. Dennoch sind die Abweichungen in der Ziffer solcher Verbrechen im Verhältniß zur Einwohnerzahl ganz ungewöhnlich große. Während in der Lombardei erst auf 44,674, in Toscana auf 18,794 Seelen im Jahre 1873 ein Tödtungsverbrechen ermittelt wurde, betrug dieselbe Verhältnißzahl im Neapolitanischen 4692 und in Sicilien nur 3194.[2] Aehnlich verhielt es sich mit den Verwundungen, in denen vielfach ein mißlungener Angriff auf fremdes Leben sich offenbart. Schon auf

---

[1] *Das Großherzogtum Toskana bestand bis zu seiner Übernahme durch das Königreich Italien 1860. Es wurde von den Habsburgern regiert. So war auch der spätere Kaiser Leopold II. (1747-1792) Erzherzog von Österreich und zugleich Großherzog von Toskana. 1786 schaffte das Großherzogtum als erstes Land der Welt die Todesstrafe ab.*

[2] *Raten für Tötungsdelikte werden heute üblicherweise umgekehrt als Fälle pro 100.000 angegeben. Umgerechnet bedeutet das also, daß die Regionen folgende Raten hatten (auf eine Stelle nach dem Komma gerundet): Lombardei: 2,1; Toskana: 5,3; Region Neapel: 21,3 und Sizilien: 31,3. Zum Vergleich: Italien hat heute eine Rate für Tötungsdelikte von 0,9 pro 100.000 ähnlich wie Deutschland mit 0,8. Die Rate für die süditalienischen Regionen würde etwa dem Niveau von Ländern wie Mexiko (21,1), Brasilien (25,2), Kolumbien (30,8) oder Südafrika (31,0) entsprechen und zu den höchsten der Welt gehören (Plätze 197 bis 208 von 218).*

469 Neapolitaner und auf 544 Sicilianer kam eins dieser Verbrechen, in Toscana und der Lombardei auf je 1458 und 1894 Einwohner. Und auch der Straßenraub ist im Toscanischen beinahe viermal, im Venetianischen zehnmal so selten, wie in Sicilien, so daß in Beziehung auf die Sicherheit des Eigenthums diejenigen Landestheile auffallender Weise am günstigsten gestellt sind, welche der österreichischen Fremdherrschaft am längsten unterlagen.[1]

Zwischen den in Hinsicht der Tödtungen und Verwundungen nahe verwandten Landestheilen des Neapolitanischen und Siciliens besteht übrigens ein nicht zu übersehender Unterschied. Da Straßenraub in Sicilien noch einmal so häufig vorkommt als in Neapel, so ist anzunehmen, daß bei der sonst an Größe ähnlichen Ziffer der Verwundungen und Tödtungen der Beweggrund des Eigennutzes und der Gewinnsucht stärker daselbst betheiligt war, als in den nächst gelegenen Theilen des neapolitanischen Festlandes.

---

[1] *Interessanterweise lassen sich die Auswirkungen der österreichischen Herrschaft sogar heute noch feststellen. Bei einem Vergleich von Gebieten, die früher unter österreichischer Herrschaft standen, aber heute zu Ländern gehören, die sich teilweise nicht unter österreichischer Herrschaft befanden (etwa Ukraine, Rumänien, ehemaliges Jugoslawien und Italien) stellt man ganz ähnliche Unterschiede fest, wie sie Franz von Holtzendorff konstatiert. Vgl. dazu etwa Sascha O. Becker und Ludger Woessmann: „How the long-gone Habsburg Empire is still visible in Eastern European bureaucracies today" auf VoxEU (www.voxeu.org), 31. Mai 2011.*

Erscheinungen, wie diejenigen der sicilianischen Maffia, bilden einen Uebergang zwischen politischem und gemeinem Verbrechen. Die Mitschuld der von den Behörden oder sogar von der Gesetzgebung selbst ausgegangenen Mißregierung ist nicht von der Hand zu weisen.[1]

Eine Betrachtung der zum Mord führenden Motive lehrt weiterhin, daß diese rücksichtlich[2] ihrer Entstehung in eine zwei-[32/556]-fache Ordnung einzureihen sind. Sie sind entweder in dem Sinne vorwiegend individuelle, daß der Mörder durch die ihm eigenthümliche Beschaffenheit. seines geistigen, seelischen oder leiblichen Zustandes verbrecherischen Anreizen nachzugehen geneigter war, als andere; oder vorwiegend gesellschaftliche in dem Sinne, daß der Thäter in hervorragender Weise Antheil hatte an weit verbreiteten, an sich schon der Rechtsordnung gefährlichen Irrthümern, Vorurtheilen oder Leidenschaften derjenigen Bevölkerungen, in deren Mitte er lebt.

---

[1] [Anmerkung 6:] 6) Ueber. die sicilianischen Rechtszustände s. den amtlichen Bericht: Documenti relativi al progetto di legge per l'applicazione dei provedimenti straordinari di pubblica sicurezza, presentati alla Camera dal Ministero dell' Interno Tornata del 8. Maggio 1875. *[Dokumente bezüglich des Gesetzentwurfs zur Anwendung der außergewöhnlichen Maßnahmen der öffentlichen Sicherheit, der Kammer vom Innenministerium in der Sitzung vom 8. Mai 1875 vorgelegt.]*

[2] *in Hinsicht auf.*

Die Psychologie des Mordes

Unzweifelhaft ist gerade diejenige Gruppe von Tödtungen der allgemeinen Sicherheit am bedrohlichsten, in der die gesellschaftliche Mitschuld des Fanatismus, des Aberglaubens oder der politischen Meinungen betheiligt, die Einzelschuld daher moralisch nothwendiger Weise verringert erscheint. Und umgekehrt wird sich sagen lassen, daß es als ein Anzeichen höherer sittlicher Cultur bei bestimmten Völkern erachtet werden müsse, wenn schwere Verbrechen ausschließlich oder vorwiegend aus rein individuellen Beweggründen hervorgehen.

Mit Hülfe einer derartigen Betrachtungsweise würden wir bei einer Vergleichung deutscher und italienischer Rechtszustände zu der Behauptung berechtigt sein, daß unsere Cultur in sittlicher Hinsicht eine höhere sei, weil Raub und Mord nicht mehr auf der Grundlage bandenmäßiger Einrichtung verbrecherischer Gesellschaften verübt werden, sondern, von gelegentlichen und wenig bedeutenden Ausnahmen abgesehen, als das Werk Einzelner erscheinen. Freilich darf man sich nicht vorstellen, daß zwischen den individuellen Motiven und den gesellschaftlich mitbestimmten Beweggründen eines Mörders eine haarscharfe Gränzlinie zu ziehen ist. Der Mangel an Erziehung oder der Grad der Verwahrlosung, welcher bei einer sehr großen Anzahl von Mördern vorbestimmend war, läßt sich in genau bestimmten Antheilen der Zurechnung nicht feststellen; es ist möglich, daß die Schulein-[33/557]-richtungen bestimmter Staaten hinter den bescheidensten Anforderungen zurückbleiben, ebenso möglich aber auch, daß die Familie des Verbrechers gegenüber den ihr gebotenen Schulgelegenheiten ihre Pflicht versäumte oder gar verbrecherische Neigungen geradezu begünstigte oder endlich der Thäter, vermöge der besonderen Stärke angeborener Neigungen gegen jeden Einfluß erzieherischer Wirksamkeit sich völlig ablehnend verhielt. Der Mangel oder das Vorhandensein eines gewissen Bildungsmaßes wird in solchen Staaten, in denen allgemeine Schulpflicht durchgeführt ist, als ein den indi*[vi]*duellen Neigungen zuzurechnendes Moment, in solchen Staaten hingegen, in denen es an öffentlichen Schuleinrichtungen noch fehlt, als ein gesellschaftlicher Faktor verbrecherischer Erscheinungen zu würdigen sein.

Eine gute und planmäßig durchgeführte Statistik der Tödtungen und anderer schwerster Verbrechen hätte danach zu streben, diese Richtung der Motive auf das Persönliche des Thäters und das Gesellschaftliche seiner Umgebung zu veranschaulichen[1], woraus zu entnehmen sein würde, ob zur Erhöhung des Rechtsschutzes gegenüber den gesellschaftlich mitbestimmten[2] Triebfedern Vorbeugungsmittel an-

---

[1] *anschaulich zu machen.*

[2] *Wie oben schon: Franz von Holtzendorff meint damit nicht eine abstrakte „Gesellschaft", die schuld sein soll, sondern die konkrete Gesellschaft, in der sich der Täter befindet und die seine Denk- und Handlungsweisen beeinflußt. Soweit es sich um weithin geteilte Einstellungen handelt, kann das natürlich auch eine*

gewendet werden können oder nicht. Denn die rein individuellen Motive entziehen sich ebenso sehr der Voraussicht wie der Unschädlichmachung außerhalb der Formen der Rechtspflege, der Vormundschaft oder der Irrengesetzgebung, wo Vorsorge getroffen werden muß, daß auch in Fällen der richterlichen Freisprechung auf Grund erwiesener Gefährlichkeit Unzurechnungsfähige in Sicherheit gebracht werden.

In der Natur der Dinge liegt es, daß auch rein individuelle Motive des Mordes in einer gewissen Regelmäßigkeit von Jahr zu Jahr in den Tabellen der Statistiker wiederkehren. Es wäre aber irrig, das Zufällige wegen annähernder Gleichmäßigkeit in den Zahlenverhältnissen als gesetzmäßige und nothwendige Wirkung bestimmbarer Ursachen hinzustellen. Schon der hin-[34/558]-sichtlich der Bestrafung wichtige Unterschied zwischen vollendeter und nur versuchter Mordthat beruht in der Hauptsache auf durchaus zufälligen Umständen des Gelingens oder Mißlingens. Ebenso wenig, wie man es ein Naturgesetz nennen darf, wenn in einer großen Welthandelsstadt jährlich trotz aller polizeilichen Anordnungen annähernd gleiche Zahlen von Unglücksfällen in Folge von Ueberfahrenwerden oder Herabstürzens von Baugerüsten verzeichnet werden, ist es zulässig, die Aeußerungen individueller Beweggründe in gelegentlichen Mordtha-

---

sehr weite Gesellschaft sein, in der der Verbrecher sich befindet und die bei seiner Tat mit eine Rolle spielt.

ten auf eine Gesetzmäßigkeit im gesellschaftlichen Zu-
sammenleben der Menschen zurückzuführen.

Dagegen läßt sich für den Culturhistoriker einiger
Nutzen aus der Wahrnehmung ziehen, daß die Ver-
hältnißziffern gewisser Gruppen individueller Motive
zu einander bei verschiedenen Völkern nicht die gleichen sind, sondern erheblichen Verschiedenheiten unterliegen. In einem Volke werden Mordthaten aus Rache vergleichungsweise häufiger vorkommen, als solche aus Eigennutz; in einem anderen Volke geschlechtliche Verirrung in stärkerer Verhältnißzahl bei
verbrecherischen Unternehmungen betheiligt sein.
Diese Wahrnehmung beweist aber nichts anderes,.als
was völlig selbstverständlich ist, daß nämlich die Individuen einen gewissen, wennschon unbestimmt zu las-
senden Antheil an den Neigungen, Fehlern und Na-
turanlagen des Volkes beanspruchen.

In der 1873 herausgegebenen, das Jahr 1871 be-
treffenden Statistik der französischen Strafrechtspflege
werden bei Ausführung der Tödtungsverbrechen drei-
ßig verschiedene Beweggründe und Veranlassungen
unterschieden und außerdem noch einige Fälle nam-
haft gemacht, in denen der innere Grund des Verbrechens nicht ermittelt werden konnte, so daß man vielleicht annehmen dürfte, einige Menschen seien sich
bei den von ihnen vorgenommenen Tödtungen eines
Zweckes ihrer Handlung überhaupt nicht bewußt gewesen. Nach einer von mir versuchten Berechnungs-
[35/559]-weise würden sich auf Grund der bezeichneten

Die Psychologie des Mordes

Statistik in Frankreich die aus ökonomischen Motiven hervorgegangenen Mordthaten zu den geschlechtlich bedingten Verbrechen derselben Art wie 2 zu 1 verhalten, nämlich wie 70 zu 35, während aus Haß und Rache 132, darunter aus politischen Motiven 19 Fälle herzuleiten sind. Diese Ziffern ergeben als wahrscheinlich, daß in Frankreich die Beweggründe zum Morde weitaus weniger von gesellschaftlich einflußreichen Factoren mitbestimmt sind, als in gewissen Gegenden Italiens, immerhin aber noch stärker, als in Deutschland, wo es bisher nicht möglich war, eine annähernd gleich große Ziffer von Mordthaten auf politische oder nationale Motive[1] des Hasses zurückzuführen. Auch dem oberflächlichen Beobachter ist es klar, daß unter Franzosen und Spaniern der Nationalhaß gegen wirkliche oder eingebildete Feinde größer ist, als in Deutschland. Damit soll freilich nicht gesagt sein, daß unter veränderten Umständen nicht auch in Deutschland ähnliche Erscheinungen hervortreten könnten. Der politische Parteihaß mit seinen Ausschreitungen beruht weniger auf natürlicher Anlage als auf geschichtlichen Entwickelungen der Völker.[2]

---

[1] *In seinem Buch „Das Verbrechen des Mordes und die Todesstrafe" von 1875 (Neuausgabe bei Libera Media) konkretisiert Franz von Holtzendorff diesen Punkt. Es handelt sich um mehrere Fälle, bei denen Deutsche in Frankreich aus „exaltation patriotique" (patriotischer Erregung) getötet und die Täter von französischen Gerichten freigesprochen werden.*

[2] *Auch wenn die Formulierungen weiter oben zu „germani-*

Franz von Holtzendorff

Im Uebrigen erweist die Statistik, daß die durch-schnittlich am häufigsten hervortretenden M o t i v e des M o r d e s auch gleichzeitig M o t i v e des T o d t s c h l a g s sind, wobei es lediglich darauf an-kommt, ob ihre Einwirkung auf das Willensvermögen des Thäter eine schnellere und gleichsam widerstands-lose ist. Naturgemäß erscheint es freilich, daß aus wirthschaftlichen Motiven Todtschlag seltener hervor-geht, als Mord; denn auf dem ökonomischen Gebiete ist die den Erfolg des Handelns genau erwägende Be-rechnung häufiger anzutreffen, als innerhalb der ge-schlechtlichen Beziehungen.

Daraus erklärt es sich, daß der Todtschlag aus ge-schlechtlichen Anreizungen etwas häufiger vorkommt und eine andere Verhältnißziffer sich ergibt. Er stellt sich zum Todtschlag aus [36/560] wirthschaftlichen Gründen wie 25 zu 22. Andererseits wird man mit Recht vermuthen, daß politische, nationale und reli-giöse Leidenschaften leichter zum Todtschlag als zum Morde führen. Es waren 44 Fälle, in denen der Haß diese Wendung genommen hatte, neben 197 anderen, in denen Haß und Rache des Todtschlägers durch nicht politische Verhältnisse erregt wurden. Mord und Todtschlag verhielten sich somit:

---

hinsichtlich der ökonomischen Triebfedern ungefähr wie 70 zu 22.

hinsichtlich der geschlechtlichen Triebfedern ungefähr wie 35 zu 25 und

hinsichtlich der Motive des Hasses und der Rache
wie 132 zu 241.

Die Psychologie des Mordes spiegelt sich bis zu
einem gewissen Maße auch in den Mitteln der Ausführung wieder ab. Wennschon die Möglichkeit nicht in
Abrede gestellt werden kann, daß auch einmal in heftiger Erregung des Gemüths ein gerade bereit stehendes
Gift zur Tödtung eines Menschen verwendet werde,
so hat man doch zu allen Zeiten Vergiftung als eine
besonders heimtückische und von tiefster Verworfenheit zeugende Art des Mordes angesehen und früher in
Anbetracht des regelmäßig damit verbundenen ver-
rätherischen Vertrauensmißbrauchs durch härtere
Strafen auszuzeichnen gesucht. Die französische Statistik verzeichnet für 1871 nur 13 Giftmorde, was in
Anbetracht der leichten Zugänglichkeit gewisser Gifte,
wie beispielsweise des Phosphors[1], als eine sehr niedrige Zahl anerkannt werden muß. S c h u ß w a f f e n die-
nen in beinahe gleichem Maße der Ausführung des

---

[1] *Weißer Phosphor kann zu akute Vergiftungen führen, deren
Auswirkungen gastrointestinale Störungen, Leberschädigung
sowie Schädigung von Herz und Nieren sein können. Chronische
Vergiftungen führen auch in geringen zur Schädigung von Blut
und der Knochen, besonders am Kiefer.*

Mordes (nämlich in 134 Fällen) und des Todtschlags (nämlich in 141 Fällen), so daß daraus der Schluß gezogen werden kann: es würde durch zweckmäßige Gesetzesbestimmungen gegen das Tragen verborgener Schußwaffen, wie des Revolvers, zumal in großen Städten, der Schutz des Lebens sich er-[37/561]-höhen lassen[1]. Ungefähr gleich verhält es sich mit dem Gebrauche blanker Waffen[2], welche in Frankreich nach der von mir benutzten Statistik zwölfmal zum Morde und zehnmal zum Todtschlage verwendet wurde. Ein sehr bedeutender Unterschied zeigt sich dagegen in dem Gebrauch von Dolch und Messern, welche 33mal zur Ermordung und 84mal zum Todtschlag benutzt wurden. Messerstich könnte somit beinahe als das besonders bezeichnende Werkzeug der aus leidenschaftlicher Gemüthserregung entspringenden Tödtungen angesehen werden; er spielt seine Rolle vornehmlich in nächtlichen Raufereien, in Wirthshausstreitigkeiten, in der plötzlichen Rache für wirkliche oder vermeintliche Beleidigungen und fordert in seiner zunehmenden Häufigkeit dazu auf schon das bloße Messerzücken oder die Bedrohung eines

---

[1] *Allerdings haben verborgen getragene Schußwaffen auch eine abschreckende Wirkung, weil ein Verbrecher nicht sicher sein kann, auf ein wehrloses Opfer zu treffen. Insofern ist der Effekt nicht so eindeutig, wie Franz von Holtzendorff unterstellt.*

[2] *Mit einer Klinge versehene Waffen, wie etwa Bajonette, Säbel, Degen, usw.*

Menschen mit dem Messer unter Strafe zu stellen. In der selteneren oder häufigeren Verwendung gewisser Tödtungsmittel spiegelt sich wiederum die Volkssitte ab. Die weitere Verbreitung einer kostspieligeren Schußwaffe[1] und die größere Häufigkeit ihres Gebrauches ist ein Zeichen höheren Wohlstandes in der Bevölkerung oder einer planmäßig im Räuberhandwerk eingerichteten Waffenführung. In Italien steht die Verwendung der Schußwaffe bei den Verbrechen der Tödtung hinter anderen Werkzeugen ziemlich weit zurück. Nach der letzten amtlichen Strafstatistik wurde zur Tödtung eines Menschen die Schußwaffe 707mal, der Dolch und Stockdegen in 784, das zu häuslichen Zwecken bestimmte Messer in 475 Fällen verwendet.

Nicht selten geschieht es, daß neben den gebräuchlichen Mitteln des Selbstmordes oder der verbrecherischen Tödtung durch erfinderische Köpfe irgend eine neue Methode der Lebensvernichtung erdacht und angewendet wird und diese hinterher, nachdem sie durch die Presse bekannt wurde, Nachahmung findet.[2] Im Großen und Ganzen zeigt sich aber in den

---

[1] *Der Colt Army Revolver 1860 kostete zunächst etwa um die 20 Dollar, was aber 1865 auf 14,50 Dollar reduziert wurde. Letzteres entsprach ungefähr 60 Mark, was in der Größenordnung eines Monatsgehalts für einen Arbeiter lag.*

[2] *In seinem Buch „Das Verbrechen des Mordes und die Todesstrafe" von 1875 (Neuausgabe bei Libera Media) gibt Franz von Holtzendorff einige Beispiele für das Phänomen, wie etwa dieses: „Großes Aufsehen erregte die 1825 in Paris begangene*

Mitteln der Tödtung [38/562] dieselbe Gleichförmigkeit der Wiederholung, wie in den verbrecherischen Motiven.

Da die Erfahrungen der Strafrechtspflege lehren, daß Mord und Todtschlag, wenngleich in verschiedener Verhältnißmäßigkeit der Ziffern, doch überall aus denselben äußeren Anreizungen und Beweggründen entspringen, so ist die Frage nicht zu umgehen, ob Angesichts der nach den Motiven vielfach gleichgradigen Immoralität des Handelns, für beide Verbrechensfälle eine Abstufung der Strafe vom Leben zum Tode in der Gesetzgebung nothwendig oder berechtigt erscheine?[1]

Mordthat der Henriette Cornier, eines jungen Mädchens, welches ohne jedes denkbare Motiv ein völlig fremdes Kind grausam umbrachte. Durch die Zeitungsberichte ward das Geschehene in weitesten Kreisen bekannt und besprochen. Im Zusammenhange damit wiederholten sich an anderen Orten ähnliche Fälle. Von einer unerklärlichen Leidenschaft ergriffen, schnitten einige Frauen fremden Kindern den Hals ab."

[1] *Das ist eines der Hauptargumente gegen die Todesstrafe in Franz von Holtzendorffs Buch „Das Verbrechen des Mordes und die Todestrafe" von 1875 (Neuausgabe bei Libera Media): die Todesstrafe läßt sich nicht abstufen, auch wenn die unterschiedlichen Morde und ihre Schwere das notwendig machen würden. Hingegen kann beim Todschlag die Freiheitsstrafe an die Schwere der Tat angepaßt werden. Siehe auch die Auszüge aus dem Buch im Anhang.*

Die Psychologie des Mordes

Die Mehrzahl der Moralisten macht sich von dem Unterschiede zwischen Mord und Todtschlag einen durchaus falschen Begriff. Er ist keineswegs so groß, wie man bisher geglaubt hat; er ist mit Sicherheit überhaupt auf Grundlage der bestehenden Gesetzesvorschriften nur in der Minderzahl der Fälle zu ermitteln, und er verschwindet sogar, wo aus der Triebfeder des Hasses, der Rache oder hochgradiger Geschlechtsleidenschaft eine vorsätzliche Tödtung von Menschen hervorgeht.

Kann man wirklich sagen, daß der angebliche Mörder, dessen länger andauernde Gemüthserregung mit Ueberlegung der Mittel ein Menschenleben zerstört, schändlicher und unsittlicher handelt, als der Todtschläger, welcher alsbald zur That schreitet? Ganz das Gegentheil kann öfters der Fall sein. Während. auf Seiten eines in unbedeutender Veranlassung aufbrausenden Todtschlägers die denkbar geringste Achtung vor menschlichem Leben vorhanden sein konnte, geschieht es bei anderen, sogenannten Mördern, daß sie nach schwerer Verletzung ihres Ehrgefühls den ersten Gedanken der Tödtung von sich zurückweisen, nach und nach in einem heftigen Ringkampfe mit ihrer Leidenschaft gegenüber dem stets wiederholten Andringen stärkerer Reize moralisch geschwächt werden und endlich dem Dämon des Verbrechens unterliegen, nachdem sie lange Zeit hindurch vergeblich gekämpft hatten.

[39/563] Bei einer nicht unerheblichen Anzahl von Mördern ist das vermeintlich todeswürdige Stadium der Ueberlegung gerade diejenige Periode, in welcher die letzten Anstrengungen der moralischen Natur, welche bei Todtschlägern überhaupt nicht zur Geltung kommen, einen vergeblichen Widerstand gegen die überlegene Macht verbrecherischer Triebfedern versucht haben. Nur bei dem Motive der Gewinnsucht läßt sich durchgängig die größere Verworfenheit des Mörders vom moralischen und psychologischen Standpunkt behaupten, keineswegs bei den aus tiefer greifenden Affekten hervorgegangen, wennschon mit sogenannter Ueberlegung begangenen Tödtungen.

Ich wage daher die anscheinend paradox klingende Behauptung, daß jedesmal, wo innerhalb einer sich gleich bleibenden Summe von vorsätzlichen Tödtungen die Ziffer des Todtschlags eine geringere, die Zahl der Mordthaten hingegen eine größere wird und die aus Gewinnsucht begangenen Tödtungen ausgeschieden sind, ein Culturfortschritt anerkannt werden muß; denn ein Wachsthum der s. g. Mordthaten auf Kosten des Todtschlages bedeutet, daß moralische Widerstandskräfte gegen das den Barbaren eigenthümliche Uebergewicht der ersten leidenschaftlichen Erregung bereits in Thätigkeit getreten sind. Dieselbe Ueberlegung der Verbrechensmittel und Verbrechensfolgen, welche die Schwere der That gegenwärtig erhöht, ist, culturgeschichtlich betrachtet, auch in manchen, statistisch nicht sichtbaren Fällen negativ wirksam als Hinderung eines ohne ihr Eintreten wahrscheinlich gewesenen Todtschlags.

Aus der preußischen Statistik ergiebt sich, daß in dem zwanzigjährigen Zeitraum vor 1873 der Mord beinahe gleich blieb, Todtschlag etwas seltener wurde; eine Thatsache die ich in Rücksicht damit, daß die Gesammtsumme der vorsätzlichen Tödtungen sich nicht zum Nachtheil der öffentlichen Sicherheit vermehrt hat, als eine günstige deuten würde, wenn nicht gerade [40/564] auf Seiten der schweren Köperverletzungen wiederum ein Zeichen roher Leidenschaftlichkeit angedeutet wäre.[1]

Als ein in der Rechtslehre ziemlich weit verbreiteter Irrthum ist auch die Behauptung anzusehen daß sich der Todtschläger vom Mörder in moralischer Hinsicht durch ein tieferes Gefühl der Reue alsbald nach begangener That auszeichne. Zunächst ist dagegen einzuwenden, daß in den Strafanstalten ein wesentlich verschiedenes Verhalten zwischen Mördern und Todtschlägern nicht beobachtet wurde. Besäßen wir eine statistische Aufzeichnung der von Verbrechern ausgegangenen Selbstanzeigen, so würde sich wahrscheinlich ergeben, daß Mörder in nicht geringerem Verhältniß, als die ihnen zunächst verwandten Verbrechergruppen dabei betheiligt sind. Diese Ver-

---

[1] [Anmerkung 7 fehlt.]

muthung rechtfertigt sich durch den Hinweis auf die preußische Statistik, die uns Aufschluß über die Häufigkeit der Geständnisse in den der Competenz der Schwurgerichte unterliegenden Strafsachen darbietet. Während der dreißigste Theil der auf Mord lautenden Anklagen im Jahre 1871 und der vierzehnte Theil im Jahre 1872 durch Geständniß des Angeklagten erledigt wurde, fehlten in denselben Jahren bei Todtschlägern die Geständnisse durchaus. Im Jahre 1873 war das Verhältniß beinahe gleich, insofern der vierundzwanzigste Theil der Todtschlagsanklagen und der fünfundzwanzigste Theil der Mordanklagen durch Geständniß erledigt wurde. Nicht zu vergessen ist, daß sich den Todtschlägern der bequeme Einwand darbietet, es sei nur eine Körperverletzung nicht aber der Tod des Angegriffenen von ihnen beabsichtigt gewesen.

Als ein psychologisch nicht zu unterschätzendes Moment sind auch die Altersstufen der des Mordes und des Todtschlages angeklagten Personen zu verwerthen. Die preußische Statistik giebt uns einige Aufklärungen, welche den allgemein bestehenden Erwartungen zuwider laufen dürften. In der Altersklasse unter [41/565] 18 Jahren kam im Jahre 1872 ein Mord, dagegen in den drei Jahren von 1871 bis 1873 kein einziger Todtschlag zur Verhandlung und auch in der zunächst angränzenden Klasse der im Alter von 18 bis zu 24 Jahren Angeklagten war Mord beinahe dreimal so häufig, als Todtschlag. Daraus ergiebt sich, daß in dem Lebensalter der größten Kraftfülle und der stärksten Naturreize die Ueberlegung bei Tödtungen in einer gleichsam chemisch unlösbaren Verbindung mit Affecten hervortritt, andrerseits der Mangel der Ueberlegung nicht immer ein Element moralischen Vorzugs, sondern im Gegentheil auch als ein Anzeichen größerer Abstumpfung und eines gewissen Schwächezustandes zu deuten ist. Jeder etwa mögliche Zweifel schwindet, wenn man diejenigen Altersklassen betrachtet, in denen die leibliche und geistige Thatkraft bereits zu schwinden beginnt oder erfahrungsgemäß bereits geschwunden ist. Im Lebensalter zwischen 40 und 60 Jahren beträgt der Procentsatz der des Todtschlages Angeklagten im Verhältniß zu sämmtlichen des gleichen Verbrechens Angeklagten 24,2 pCt., beim Morde dagegen nur 23,1. In den beiden vorangegangenen Jahren 1872 und 1871 war der Unterschied noch größer. Unter den Greisen über sechzig Jahren finden sich 1871: 9 pCt., 1872: 2,3 pCt. und 1873: 6,4 pCt. de: Todtschläger, in den entsprechenden Jahren dagegen zweimal überhaupt gar kein Mörder und 1872 nur 2,3 pCt. Gewiß ist es eine bemerkenswerthe, bisher noch nicht gewürdigte Thatsache daß das schwache Greisenalter zu den Akten des Todtschlags bei verminderter Lebensenergie stärker neigt, als zum Morde mit dem darin enthaltenen Elemente der Ueberlegung.

Eine sorgfältigere Beobachtung der psychologischen Momente im Verbrechen des Mordes wird wahrscheinlich zu einem doppelten Ergebniß führen. Einmal zu der Forderung, daß die bisherige, in den europäischen Continentalstaaten festgestellte Unterscheidung zwischen den mit und den ohne Ueber-[42/566]-legung begangenen Tödtungen aufgegeben und durch anderweitige Strafbarkeitsstufen um so mehr ersetzt werden sollte, als schon gegenwärtig die freisprechenden und verurtheilenden Verdikte der Geschwornen vorwiegend durch den unwillkürlich[1] bestimmenden Einfluß der größeren oder geringeren Moralität der Handlung beherrscht werden, wofür die Praxis der mildernden Umstände in Frankreich einen nicht zu unterschätzenden Beweis enthält.[2] Sodann z w e i t e n s zu der Erkenntniß, daß die Todesstrafe als a l l e i n i g e Strafdrohung für alle gegenwärtig sogenannten Mordfälle ungerecht ist und außerdem zur Sicherung des menschlichen Lebens an sich nichts beizutragen vermag. Für diese letztere Behauptung ist der Beweis, soweit als er überhaupt erbracht werden kann, theils auf dem statistischen Wege, theils durch psychologische Gründe zu führen. Was die Statistick *[sic]* anbelangt, so läßt sich darthun, daß in England,

---

[1] *nicht der Willkür unterworfen, unbewußt.*

[2] *Die französischen Geschworenengerichte machen für gewisse Klassen von Tötungen ausgiebig von der Möglichkeit Gebrauch, mildernde Umstände anzuerkennen, etwa bei Duellanten, bei Kindesmord, Fällen von beleidigter Geschlechtsehre, Blutrache auf Korsika sowie politischen Taten. Teilweise kommt es sogar nur zu Freisprechungen oder sehr abgemilderten Urteilen.*

Die Psychologie des Mordes

Frankreich und Preußen die Häufigkeit oder Seltenheit der Begnadigungen ohne jeden Einfluß auf die Ziffer der Mordfälle bleibt, folglich aus der Unwirksamkeit der Strafvollstreckung auf die Unwirksamkeit der Strafdrohungen geschlossen werden dürfte, wenn nicht außerdem neuere Erscheinungen zeigten, daß die Abschaffung der Todesstrafe in Ländern mit gesicherten Strafproceßeinrichtungen und zweckmäßigen Strafanstalten eine nennenswerthe Mehrung der Mordthaten nicht zur Folge gehabt hat.[1]

Stellt man die Motive, von denen Mörder am häufigsten geleitet werden, den Absichten des Gesetzgebers gegenüber, so wird sich ermitteln lassen, welches Gegengewicht die Androhung der Todesstrafe im Stadium der verbrecherischen Ueberlegung der Vollendung des Entschlusses entgegenzusetzen vermag? Um dies zu erfahren, ist man bisher meistentheils von zwei Irrthümern ausgegangen. Man hat entweder in der

---

[1] *Neben dem Beispiel der Toskana bezieht sich Franz von Holtzendorff in seinem Buch „Das Verbrechen des Mordes und die Todesstrafe" von 1875 (Neuausgabe bei Libera Media) vor allem auf die Erfahrung in den Niederlanden, die bereits 1870 (außer im Militärstrafrecht) die Todesstrafe abschafften. Andere Beispiele für ihn sind auch die deutschen Staaten, die vor der Wiedereinführung durch das Reichsstrafgesetzbuch von 1870, bzw. 1871 (deutschlandweit in Kraft ab 1872) die Todesstrafe abgeschafft hatten, wie etwa: Bremen, Oldenburg, Sachsen und Baden.*

Criminalpsychologie den entscheidenden Moment einer unmittelbar bevorstehenden Hinrich-[43/567]-tung
auf den Willenszustand eines werdenden Verbrecher
zurückbezogen und diesen unter den gleichen Eindruck der Furcht fingirt[1]. Oder man mißt die Einbildungskraft der verbrecherischen Klasse an den Empfindungen, welche die Androhung der Todesstrafe in
Kreisen gesitteter Menschen hervorruft. In Wirklichkeit kommt es aber darauf an, die eigenthümliche, geistige und sittliche Beschaffenheit der verbrecherischen
Klassen[2] genau zu beobachten und außerdem zu er-
gründen, wie sich ein bestimmtes Individuum gegenüber den Drohungen des Strafgesetzes kurz vor Begehung des Verbrechens verhalten hat.

Ueber das Verhalten der Mörder zu den Strafdrohungen des Gesetzes lehrt die Erfahrung, daß ihr Seelenzustand in drei wesentlich verschiedenen Erscheinungen sich zu offenbaren pflegt. Eine erste Gruppe
von Verbrechern wird von einem bald länger schlei-
chenden, bald heftiger beschleunigten Fieber der Leidenschaft getrieben, die Mittel zu suchen, um den Gegenstand ihrer Hasses zu beseitigen. Ihr höchstes Interesse ist, die That mit Sicherheit auszuführen und
gelingen zu lassen. Daher sie nicht darauf Bedacht

---

[1] *sich vorstellt.*

[2] *Der Begriff einer „Klasse" ist in der Zeit noch nicht von der
marxistischen Umdefinition betroffen. Gemeint ist hier eine relativ feststehende gesellschaftliche Schicht.*

nehmen, ihrerseits der Strafe zu entrinnen, sondern vielmehr darauf, ihrem Opfer jede Möglichkeit der Rettung abzuschneiden. Der Gedanke an die Straffolgen der That ist, wenn er überhaupt aufkommt, so sehr nebensächlich, daß gerade von Mördern dieser ersten Kategorie vor anwesenden Zeugen und mit vollem Bewußtsein der unvermeidlichen Entdeckung der vorher entworfene Plan ausgeführt wird. Regelmäßig finden sich innerhalb dieser Gruppen einige Verbrecher, bei denen der Entschluß zum Morde mit dem ernsthaften Vorsatz des Selbstmordes gepaart ist, so daß von einer Abschreckung vermöge der Todesstrafe durchaus gar keine Rede sein kann. Meistentheils ist es ein die Beobachter überraschenden Sprung, welcher leidenschaftlich erregte Naturen aus völlig geordneten Lebensverhältnissen zur schwersten [44/568] Missethat eines von Eifersucht, Fanatismus, Rache erzeugten Mordes hinüberführt.

Eine zweite Gruppe begreift[1] die völlig stumpfen und erstarrten Naturen, welche auf der abschüssigen Bahn der Laster und Verbrechen langsam gesunken und schließlich so weit verkommen sind, daß ihnen ihre eigene Zukunft vollkommen gleichgültig geworden ist. Vom Müßiggange und roher Genußsucht zur Bettelei, von der Bettelei zu kleineren Eigenthumsverletzungen, schließlich zum gewohnheitsmäßigen Diebstahl gelangt, haben sie überhaupt jede Achtung vor

---

[1] *umfaßt.*

den Gesetzen ebenso eingebüßt, wie die Furcht vor der Strafe. Der Befriedigung ihrer nächsten Triebe und Bedürfnisse opfern sie ihr eignes leibliches Wohl sorglos auf. Ebenso gleichgültig, wie es ihnen ist, ob aus ihren Lastern die unvermeidliche Folge der Krankheit und Lebensverkürzung hervorgeht, ist ihnen die Drohung des Gesetzes, der zu entgehen, sie nicht sonderlich bemüht sind. Diese höchste Stumpfheit und Gleichgültigkeit kündigt sich häufig darin an, daß der von dem Verbrechen zu erwartende Gewinn in gar keinem Verhältniß zur Schwere der That zu stehen scheint. Um geringfügige Geldsummen werden sie bereit sein, ein Menschenleben zu vernichten, wenn ihnen unter den besondern Umständen der That ein Mord bequemer ist als Diebstahl. Den Fehler, den die moderne Strafgesetzgebung gegenüber dieser Klasse von Verbrechen begeht, besteht darin, daß sie ihre Kräfte in stetiger Wiederholung unwirksam bleibender Strafmittel erschöpft und ihre Aufgabe, nach einem gewissen Maße der Rückfälligkeit für dauernde Sicherung Sorge zu tragen, noch nicht begreift.

Endlich giebt es eine dritte Gruppe von Mördern, welche in klarer Vorausberechnung aller Folgen ihrer Verbrechensthat, die Ausführungsweise genau festsetzen und für ihre Nichtentdeckung in schlauer Weise Vorkehrung treffen. Sie sehen im Hintergrund die Todesstrafe und fürchten sie so lange, bis es [45/569] ihnen zur inneren Gewißheit geworden ist, daß sie der Entdeckung entgehen werden. Fest davon überzeugt, daß sie es in ihrer Hand haben, die Sicherheitsbeamten und die Rechtspflege zu täuschen, werden sie gerade durch längere Ueberlegung in dem Glauben an endliche Straflosigkeit befestigt. Lehrt doch die tägliche Erfahrung, daß nicht wenige Missethaten trotz aller Anstrengungen der Polizei unermittelt bleiben. Wenn jeder Mordlustige in der Gegenwart sich sagte, daß er selbst nach geschehener Entdeckung der Todesstrafe wahrscheinlich entgehen werde, so würde er vollkommen richtig in Uebereinstimmung mit den Thatsachen der Strafstatistik gerechnet haben. Bei der Klasse der fein berechnenden Mörder bewirkt das Vorhandensein der Todesstrafe eine Steigerung der verbrecherischen Energie und eine nur um so gründlichere Durchdenkung der Verbrechensmittel.

Die praktische Werthlosigkeit der Todesstrafe gegenüber den verbrecherischen Motiven liegt auch darin, daß die wirkliche Ausführung eines richterlichen Todesurtheils Angesichts der gangbar gewordenen Begnadigungspraxis[1] durchaus als entfernte Möglichkeit angesehen werden muß, als seltene Ausnahme un-

---

[1] *In Preußen begnadigt etwa König Wilhelm I. von 1868 bis 1878 alle zum Tode Verurteilten, womit die Todesstrafe de facto abgeschafft ist. Das ändert sich erst mit den Attentaten von 1878 auf ihn, wo er und sein gegen die Todesstrafe eingestellter Sohn, der spätere Kaiser Friedrich, der ihn zeitweise vertritt, sich dem öffentlichen Druck beugen, und der Attentäter Max Hödel hingerichtet wird. Der Scharfrichter ist so unvorbereitet, daß er sich ein Beil für die Enthauptung aus einem Museum ausleihen muß.*

gefähr von derselben Bedeutung wie die Möglichkeit des natürlichen Ablebens, die jedem Menschen vor die Seele gestellt wird.

Es ist ein alter Erfahrungssatz der nicht häufig genug wiederholt werden kann: daß die abschreckende Macht der Strafrechtspflege nicht in dem Grade eines ungewissen Strafübels, sondern in der Bestimmtheit und Gewißheit ausreichender Bestrafung wurzelt. Eine unsichere Strafjustiz, ausgestattet mit grausamsten Strafmitteln hat zu allen Zeiten der öffentlichen Sicherheit die schlechtesten Dienste geleistet. Während jeder erfahrene Dieb heut zu Tage weiß, daß er im Falle der Entdeckung die geringste Aussicht auf Freisprechung, oder auf Bewilligung mildernder Umstände, oder auf Erwirkung eines Gnadenbefehls hat, kann sich der leidenschaftlich angelegte Missethäter damit trösten, daß er im [46/570] Falle einer schweren Körperverletzung oder des Todtschlags sehr bedeutende Chancen der Freisprechung und der Strafmilderung für sich hat. Auf 1427 vor den preußischen Schwurgerichten des schweren Diebstahls im Jahre 1873 angeklagte Individuen finden sich nur 70 Freigesprochene in einen [*sic*] für die einzelnen Provinzen zwischen 0 und 7,7 pCt. schwankenden Procentsatz der Angeklagten. Dagegen nehmen wir wahr, daß Angeklagte, denen schwere Körperverletzung mit tödtlichem Erfolge oder anderen bleibenden Nachtheilen zur Last gelegt wurde, sich einer günstigen Prognose erfreuen, da die Freisprechungen hier zwischen 8,5 pCt und 33,3 pCt schwanken und überhaupt nur eine große Minderzahl der 373 Verurtheilten, nämlich 93 der ordentlichen Zuchthausstrafe verfallen ist. Beinahe verlockend sind aber die Aussichten, welche die preußische Schwurgerichtsstatistik den Todtschlägern stellt. Von 62 im Jahre 1873 Angeklagten sind nur 42 verurtheilt worden und von diesen nur 24 zur Zuchthausstrafe. In der Provinz Brandenburg und Sachsen[1] ward die Hälfte der Angeklagten, in Hannover[2] und der Rheinprovinz 40 Procent freigesprochen. Diese überall hervortretende Milde des Schwurgerichts kann auf die Dauer nicht ohne einen psychologischen Rückschlag[3] auf die Gesellschaft bleiben. Indem man sich mehr und mehr an das Vorurtheil gewöhnt, welches alle Fälle des Todtschlags unterscheidungslos viel milder beurtheilt als die mildesten Formen des Mordes, lähmt man gleichsam durch eine falsche Pädagogik der Rechtspflege in den zu Gewaltthätigkeiten geneigten Kreisen

---

[1] *Die Provinz Sachsen mit der Hauptstadt Magdeburg bestand aus den Teilen Sachsens, die nach der Niederlage von Napoleon an Preußen abgetreten wurden, sowie aus vorherigen Besitzungen Preußens. Sie entspricht ungefähr dem heutigen Bundesland Sachsen-Anhalt.*

[2] *Das Königreich Hannover (lange Zeit in Personalunion mit Großbritannien) wurde nach dem Deutschen Krieg 1866 von Preußen annektiert und in den preußischen Staat als Provinz Hannover eingegliedert.*

[3] *Rückwirkung.*

der Bevölkerung die ethischen Widerstandskräfte gegen die Wallungen verbrecherischer Aufregung.

Was die Mordanklagen anbelangt, so schwankte in Preußen, wo die Geschwornen weitaus strenger urtheilen, als in der Mehrzahl der außerdeutschen Staaten, der Procentsatz der Freisprechungen zwischen 7,7 Procent und 25. Allein es ist bemerkens-[47/571]-werth, daß von 134 Angeklagten doch nur eine sehr große Minderheit, nämlich 40, schuldig befunden wurde, die vorsätzliche Tödtung mit Ueberlegung ausgeführt zu haben, während bei 77 anderen entweder Todtschlag ohne oder sogar mit mildernden Umständen oder schwere Körperverletzung angenommen worden ist. Somit ist statistisch erwiesen, daß in der ungeheuren Mehrzahl der Fälle, in denen die Staatsanwaltschaft eine Mordanklage erhob, das Schwurgericht, unter der Wucht der Todesstrafe berathend, den Beweis der Ueberlegung als nicht erbracht ansah. In Ermangelung genauer Anhaltspunkte ist nicht zu sagen, wer Unrecht habe gegenüber dem Gesetze, ob die Staatsanwaltschaft mit ihren Forderungen, oder das Schwurgericht mit seinen Verweigerungen eines Todesunheils. Unzweifelhaft aber ist es ein gewaltiger Mißstand, wenn bei den schwersten Verbrechen ein so ungeheurer Abstand der Rechtsüberzeugungen vor der Welt dargelegt wird. Der vollendetste Mörder, welcher bei seinen Überlegungen die Strafstatistik zu Rathe zieht, darf sich also sagen, daß eine Verurtheilung wegen Mordes ein Ausnahmefall ist. Gelänge aber einem abgefeimten[1] Mörder das vielleicht eingeübte Kunststück, bei der Ausführung der Tödtung eine leidenschaftliche Erregung zu simuliren, so wären seine Aussichten auf Freisprechung glänzende zu nennen.

Wer gegenwärtig noch glaubt, dem Akt der Ueberlegung in Mördern mit der gesetzlichen Androhung der Todesstrafe psychisch entgegenwirken zu können, verkennt gleichmäßig die Natur der verbrecherischen Motive und den Sinn, der in strafstatistischen Zahlen ausgedrückt ist. Die bestehende Unterscheidung zwischen Mord und Todtschlag ist daher weit davon entfernt, in ihrem Zusammenhange mit der Todesstrafe, den Schutz des menschlichen Lebens zu erhöhen. Im Gegentheil vermehrt sie die Unsicherheit unserer Strafrechtspflege in einer für Scharfblickende beunruhigenden Weise.

---

[1] *auf unmoralische Art schlau.*

Anhang

Zwanzigstes Kapitel.[1]

Gleichheit und Ungleichheit von Mord und
Todtschlag. — Ist die Todesstrafe für den Mord gerecht und
für den Todtschlag ungerecht? — Beweisthema und Beweislast in
dem Proceß gegen die Todesstrafe. — Wiederlegung der Vergeltungstheorie mit ihren eigenen Waffen. — Vergeltung unmöglich
auf der objectiven Basis des äußerlichen Schadens. — Ein Unterschied zwischen Mord und Todtschlag kann nach der Vergeltungstheorie nur in den Hinrichtungsmitteln zugelassen werden,
nicht aber in der Todeswürdigkeit an sich. — Objective Vergeltung verlangt den Tod für alle vorsätzlichen Tödtungen. — Die
Folter der Todesangst und die Ueberlegung des Henkers gehen
über die Ueberlegung des Mörders hinaus.

---

[1] *Entnommen aus: Franz von Holtzendorff: Das Verbrechen des*
Mordes und die Todesstrafe, 1875. Seite 234 ff.

[234] Alle Strafsätze des deutschen Strafgesetzbuchs sind in Gemäßheit der gesteigerten Rechtswerthe, die in der Bemessung des Strafübels abzuschätzen sind, vom Gesetzgeber herabgesetzt. Nur bei dem einzigen Verbrechen des Mordes blieb die unabänderliche Todesstrafe. Der Richter folgt, vielleicht ohne Bewußtsein, aber doch wiederum unter dem Eindruck der die Gesetzgebung leitenden Motive derselben Tendenz der Milderung, indem er sich erfahrungsgemäß bei der Aburtheilung einzelner Fälle immer dem Minimum der Strafe mehr annähert, als dem Maximum, und auch bei den gewöhnlichen, weder durch Geringfügigkeit noch durch Erheblichkeit der Schuldmomente ausgezeichneten Verbrechensfällen des alltäglichen Durchschnitts die Mittellinie des gesetzlich zulässigen Strafmaßes erniedrigte. Nur bei der Todesstrafe wird diese höhere Tendenz der gerechten Milde nicht zugelassen!

[235] Die Strafen der vorsätzlich ohne Ueberlegung ausgeführten und der fahrlässigen Tödtung sind durch den Gesetzgeber gemildert. Nur die Strafe des Mordes soll niemals gemildert werden können!

Es ist gezeigt worden, daß die Freiheitsstrafe in ihrem Inhalt und Werth gewachsen und eine zehnjährige Freiheitsstrafe heut so schwer wiegt, wie ehemals eine zwanzigjährige, daß daher mit lange dauernder Freiheitsstrafe schwerere Verbrechen, an die sie ehemals nicht heranreichte, heute sehr wohl bestraft werden

82

können. Den Hochverräther, den man ehemals viert-heilte, bestraft man mit lebenslänglicher Freiheitsent-ziehung. Nur der Mörder kann nicht mit le-benslänglicher Einsperrung bestraft wer-den, weil ihn die Todesstrafe treffen muß!

Angesichts dieser Gesammtstrafrechtsentwicke-lung sowohl, als auch nach dem von mir entwickelten Gerechtigkeitsprincip der ungleichen Werthbestim-mungen ist die Todesstrafe eine ungeheure Ano-malie, ein unbegreiflicher Widerspruch, ein blind ge-glaubtes Dogma!

Aber auch vom Standpunkte der alten Vergeltung kann die Unhaltbarkeit der Todesstrafe dargethan werden und unter allen Umständen muß als festgestellt gelten, daß die Vergeltungstheorie die Nothwendigkeit der Todesstrafe auf wissenschaftlichen Wege nicht darzuthun vermag. Sie ist schon deswegen außer Stan-de, ihren Proceß vor dem Weltgericht zu gewinnen, weil die Anhänger einer und derselben Theorie sich widersprechen. Vor dem Alles prüfenden Blicke eines gewissenhaften Staatsmannes muß schon die Negative der Beweisfälligkeit in einer so wichtigen Frage schwer wiegen.

[236] Wer die absolute Nothwendigkeit der Todes-strafe für den Mord beweisen will, muß Folgendes darthun:

Erstens: daß die Werthgleichung zwischen Mord und Hinrichtung des Verbrechers zu allen Zeiten der menschlichen Entwickelungsgeschichte sowohl als in allen gegenwärtig vorkommenden Verbrechensfällen eine unveränderliche ist.

Zweitens: daß die Hinrichtung eines Verbrecher als Leiden innerlich gleich zu setzen ist dem Leiden des Ermordeten.

Drittens: daß der Werthunterschied zwischen Mord und Todtschlag entsprechend ist dem Werthunterschiede zwischen Todesstrafe und Freiheitsstrafe.

Viertens: daß alle Formen und Arten des Mordes so gleichwerthig sind, um einem und demselben Strafübel des Lebensverlustes unterworfen werden zu können.

Was den ersten Punkt anbelangt, so ist bereits gezeigt worden, daß der Werth des Lebens in der Geschichte keine constante Größe gewesen ist und auch in der Gegenwart nicht werden kann. Um so mehr ist es zu verwundern, daß heute das nackte Wort und die bloße Bezeichnung „Mord" und „Mörder" einen geheimnißvollen Zauber des Grauenhaften auf die Vorstellungen der Menschen ausübt. Eine große Anzahl von Menschen glaubt, daß der Mord nicht nur das schwerste Verbrechen bedeutet, was in der That ganz richtig ist, sondern auch eine gleichsam unbegreifliche, von allen anderen Rechtsverletzungen durch unübersteigbare Kluft geschiedene Missethat darstelle, ohne zu bedenken, daß innerhalb des Mordes die zahlreichsten Abstufungen möglich sind. Hierauf ist zuvörderst zu erwiedern, daß Mord in verschiedenen Zeiten und bei verschiedenen Völkern der Gegenwart durchaus nicht ein und dasselbe Verbrechen bedeutet. Der Name „Mord" bezeichnet nichts anderes, als die jeweilig schwerste Erscheinungsform der Tödtungen.

[237] Hinsichtlich des zweiten Punktes ist zu erwägen, daß der Grundsatz „Leben um Leben" ehemals in den ältesten Zeiten einfach von der objectiven Betrachtung ausging: das Leben eines Menschen gilt genau so viel, wie das Leben jedes anderen. Dabei bestand jedoch der Unterschied, daß überall an die schwersten Verbrechen der Tödtung unvermittelt straflose Tödtungen des Fremden oder des Sklaven sich anschließen konnten. Heute gilt dieser Maßstab nicht mehr. Wir unterscheiden vielmehr auf Grund subjectiver Schuldformen, indem wir die Natur des Willens sorgfältig ins Auge fassen. Somit gelangten wir in Deutschland zu dem Grundsatze:

„Das Leben eines Getödteten ist regelmäßig nicht gleich dem Leben des Tödtenden. Gleichheit ist nur ausnahmsweise vorhanden, wenn der Tödtende gewisse bestimmte Merkmale des Willens bei der Ausführung seiner That erkennen läßt. Also nicht auf die Tödtung, sondern darauf kommt es an, wie jemand getödtet wurde."

Man begreift, daß es in Beziehung auf den Getödteten selbst völlig gleichgültig ist, ob er vorsätzlich aber ohne Ueberlegung, oder vorsätzlich mit Ueberlegung ums Leben gebracht wurde. Unser Bedauern und unser Mitleid in Beziehung auf ihn müßte, nach der Thatsache bemessen, durchaus das gleiche sein. Die Gehässigkeit der moralischen Elemente, welche aus der Eigenschaft der tadelnden Person entnommen werden können, ist praktisch genommen gleichgültig. Eher, als auf das moralische Element der Willensunterschiede, könnte man auf die Instrumente sehen, mit denen jemand getödtet wurde: ob auf schmerzhafte, langsame, folternde Art oder auf schnell und plötzlich wirkende Weise, was ehemals auch in der Unterscheidung des Giftmordes geschah.

Wenn man sich an die Erfahrung halten will, so steht fest, [238] daß die große Mehrzahl der Ermordeten schnell und ohne die Schrecken der Todesangst längere Zeit durchkämpfen zu müssen, ihr Leben verloren hat. Andererseits, wenn sie gegen den Willen des Mörders als schwer Verwundete am Leben bleiben, haben sie vielleicht seelisch am meisten gelitten. Und doch wird in diesem Falle das Leben des Mörders verschont. Die Todesstrafe entnimmt also ihr Motiv vorzugsweise aus der Beschaffenheit des psychischen Zustandes, in welchem sich der Mörder zur That befand: „Du hast mit Ueberlegung vorsätzlich getödtet, also sollst Du mit Ueberlegung den Tod erleiden!"

Wäre dies eine grundsätzlich haltbare Auffassung, so müßte weiterhin dem Todtschläger gesagt werden: „Du hast ohne Ueberlegung, in der Aufwallung des Zornes ein Menschenleben plötzlich vernichtet, also sollst Du plötzlich in einem Augenblick, wo Du nicht darauf gefaßt bist, gewaltsam den Tod erleiden!"

Die richtige Consequenz würde also diejenige sein, welche zwischen dem Tode des Mörders und zwischen dem Tode des Todtschlägers eine verschiedene Hinrichtungsweise unterscheidend eingreifen ließe, wie dies ehemals im gemeinen Recht so lange der Fall war, als man den Mörder räderte, den Todtschläger enthauptete. Wenn man auch die geschärfte Todesstrafe nicht mehr anwenden wollte, ließe sich dennoch denken, daß man gegen Mörder die schimpfliche Todesstrafe des Hängens, gegen Todtschläger die Enthauptung oder das Erschießen in Anwendung brächte, um jene Verschiedenheit wenigstens symbolisch auszudrücken.

Noch angemessener müßte es denen, welche von jenem falschen Standpunkte ausgehen, um der Folgerichtigkeit willen erscheinen, wenn man den Todtschläger, nachdem er rechtskräftig verurtheilt worden ist, ohne daß er den Augenblick kennt und ehe er sich darauf vorbereitet hat, einfach vernichtete. Der Tod müßte [239] ihn rasch antreten, wenn er nichts ahnend, sich zur Mahlzeit oder auf seine Schlafstätte niederläßt.

Die vergeltende Vergleichung der Hinrichtung kann sich, sobald diese Consequenz, wie allgemein geschieht, zurückgewiesen wird, weder auf den Zustand des Willens beziehen, in dem sich der Mörder zur Zeit seiner That befunden hat, noch auch auf die nicht zu bemessenden Leiden des Ermordeten.

In der That ist zwischen einer Hinrichtung im Namen des Gesetzes und der Handlungsweise eines Mörders eine erhebliche Ungleichheit. Der Bedrohte und schließlich Ermordete weiß vor dem mörderischen Angriff nicht, was ihm bevorsteht. Der rechtskräftig Verurtheilte zittert jeden Augenblick für das Leben, das er verlieren soll. Tage, Wochen, Monate vergehen, ehe über seine Begnadigung entschieden ist. Wenn die Sonne aufgeht, berechnet er schaudernd, daß dies sein letzter Tag sein wird. Wenn der Schlüssel zur Zellenthür knarrt, fährt er zusammen in der Angst, es könnte die Hinrichtung ihm angekündigt werden. — Wenn der Geistliche ihm naht, vermuthet er, daß es Anzeichen des nahen Todes sind, die ihn suchen. Der Zustand der Ueberlegung, in welchem er nach der Absicht des gleich vergeltenden Gesetzes sterben sollte, wird entweder durch stumpfe Gleichgültigkeit oder durch fieberhafte Aufregung vereitelt. Wird der Delinquent nicht Nacht für Nacht den schrecklichen Traum seiner eigenen Vernichtung träumen, sich hundert Mal unter dem Beile des Henkers liegend fühlen, bis er, in Angstschweiß gebadet, aus seinen Träumen erwachend, emporzuckt, um denselben Traum von Neuem zu beginnen? Endlich ist die Stunde gekommen, die bevorstehende Hinrichtung wird angezeigt, die letzte Nacht bricht herein. Nun beginnt die Zählung der Minuten, die eine Stunde zur Ewigkeit der Hölle anschwellen läßt! Angesichts dieser Menschenfolter wird man zu der Be-[240]-trachtung geneigt, daß es Humanität war, die in altersgrauen Zeiten den ergriffenen Missethäter sofort an den nächsten Baum hängte oder unter einem Hagel geschleuderter Steine in Mitten allgemeiner Aufregung enden ließ, daß es die raffinirteste Barbarei ist, welche in unseren Proceßeinrichtungen den Vorgang eines tausendfachen Sterbens sich stündlich bei Tag und bei Nacht in der Todesangst eines Opfers abspielen und, die Uhr in der Hand, eines Menschen Leben mit mathematischer Genauigkeit enden läßt. Das Entsetzliche der Seelenqual, welche viele Delinquenten ausstehen, ergiebt sich daraus, daß man bei fast Allen Selbstmord befürchtet und zu allerletzt Vorkehrungen trifft, daß die Hinrichtung nicht vereitelt werde und der Verbrecher nach der allein zulässigen, korrekte Methode des Henkers sterbe. Das Gesetz will solche Folter der verlängerten, fortwährend wiederkehrenden Seelenangst, sonst würde es dem Sterbenden nicht die Mittel des Selbstmordes entziehen; es könnte die sittliche Verantwortlichkeit für die Sünde des Selbstmordes seinem Gewissen ebenso gut anheimgeben, wie es ihm die religiöse Verantwortlichkeit für Verstocktheit oder Reumüthigkeit überläßt. Es war begreiflich, wenn man ehemals mit aller Sorgfalt die zerquetschten Gliedmaßen eines Gefolterten wieder heilte, um bei der Hinrichtung der versammelten Volksmenge ein „Prachtexemplar" auf dem Galgen, um des Beispiels willen, vorführen zu können. Ist's aber recht, daß heut zu Tage, da keine Volksmenge mehr des Opfers harrt, die Arzneikunde sich bemüht, den schwer verletzten Selbstmörder liebevoll zu pflegen, damit er zum zweiten Male nach der Methode des Gesetzes sterbe? Es scheint, als ob der Tod ohne Seelenqual nicht genüge.[1]

---

[1] [Anmerkung 94:] S e l b s t m o r d v e r s u c h e vor der Hinrichtung. Ein solcher Fall trat bei dem Berliner Mörder G r o t h e ein. Er verletzte sich in der Untersuchungshaft lebensgefährlich am Halse, um sein Leben zu beendigen, ward mit großer Mühe wiederhergestellt und dann hingerichtet. Dieser Contrast der Humanität, welche rettet mit der berechnenden Ueberlegung, welche das Opfer pflegt, um es bequem tödten zu können, ist fürchterlich! Despine (psychologie naturelle III, 113) macht darauf aufmerksam, daß während der franz. Revolution viele von den Revolutionstribunalen Verurtheilten sich den Tod gaben. Sie zogen den schmerzhaften Tod durch Selbstmord dem weniger schmerzhaften durch die Guillotine vor: ils préfèrent une mort douloureuse à celle, qu'ils recevraient publiquement par une main maudite, l e s m e m b r e s a t t a c h é s, comme un animal, que l'on immole. Il y a dans une telle mort quelque chose, qui blesse profondément la dignité humaine et que certaines personnes ne peuvent supporter.

Ebenso verletzt es jedes menschliche Gefühl, wenn man die Hinrichtung einer Schwangeren aufschiebt, sie kunstgerecht in der Entbindung behandelt, sorgsam pflegt und nach überstandener Todesgefahr im Wochenbette von ihrem Kinde weg-

Das Verbrechen des Mordes und die Todesstrafe

Und nun die Hinrichtung selber. Ist sie wirklich als menschliche Handlung vergleichbar der tödlichen Handlung des Mörders? Das Gesetz spricht zum Mörder: Du hast mit Ueberlegung [241] getödtet und Deinen Augenblick gewählt, als Dein Opfer Dir nicht wehren konnte; unsere Ueberlegung wird noch stärker sein als die Deinige, sie ist kalte geschäftsmäßige Berechnung. Wir setzen einen Termin an, der Dir in gebührender Weise als ein für Dich wichtiges Ereigniß vorher mitgetheilt wird. Wir zählen Dir die Halswirbel ab, zwischen welchen das Beil des Henkers hindurchfahren soll. Pünktlich, genau, schneidend und scharf trifft Dich, indem Du niederkniest, die vorher mit aller Sorgfalt für Dich geschliffene Kante, nachdem Dir vorher die Todtenglocke geläutet worden ist, die sonst kein Sterblicher für sich selber ertönen hört! Dir wäre es zu Statten gekommen, wenn Dein Arm sein Opfer verfehlt hätte. Wenn der Streich des Henkers sein Ziel verfehlt oder wenn seine Hand unsicher zittert, so gereicht ihm das zum Schimpf. Wir verbieten Dir und hindern Dich, das zu thun, was Dein Opfer in seinem letzten Moment menschlicher Weise thun konnte: sich gegen die eiserne unüberwindliche Hand des nahenden Todes zu sträuben. Du wirst die Riemen und Fesseln fühlen, welche Dich an eine Maschine binden, aber Du

---

schleppt, um ihr den Kopf abzuschlagen: eine Bluttaufe des Kindes durch den Henker!

kannst nicht zucken, wenn Du, willenlos gleich einem Opferthiere, an der Dir bestimmten Schlachtbank regelrecht getödtet wirst. Für die Tödtung, die Du verschuldet hast, trifft Dich wiederum der Tod. Dafür, daß Du im Namen des Gesetzes getödtet wirst, bezieht Dein Henker seine Gebühren in Gemäßheit der Taxen und wir versichern Dir, daß er Dein Leben um einen geringeren Preis zerstört, als derjenige war, den Du von Deiner Missethat erwartet hast! Alles dieses zusammengenommen ist jenes göttliche und menschliche Recht, welches wir Vergeltung nennen."[1]

---

[1] [Anmerkung 95:] Die Ueberlegung des Henkers und des die Hinrichtung anordnenden Richters geht immer weiter, als diejenige des Mörders. Dies fühlt man unwillkürlich, und es entsteht die Frage: würde der Mörder, wenn er eine so völlig schrankenloseste Gewalt über sein Opfer gehabt hätte, wie der Henker auch dann noch getödtet haben? Wenn der Mörder von dem Lebenlassen des völlig willenlos gewordenen Opfers ebenso wenig Nachtheil zu besorgen gehabt hätte, wie der Henker von der Tödtung — hätte der Mörder auch dann getödtet? Die ungeheure Mehrzahl der Mörder unterliegt der Leidenschaft des nächtlich dahinschleichenden Hasses gegen das Opfer ihrer That. Dem Henker, der im Strahl der aufgehenden Morgensonne pünktlich den Arm zum tödtenden Streich erhebt, ist Leben und Tod des vor ihm knienden Menschen ganz gleichgültig. Aus dieser Verschiedenheit erkläre ich mir die völkerpsychologische Abneigung der Italiener gegen den Scharfrichter. Die italienische Strafstatistik verzeichnet für 1869 3000 Tödtungsverbrechen einschließlich der Körperverletzungen, welche den Tod zur Folge hatten (darunter 22 mal Elternmörder, 16 Gattenmörder, 18 Verwandtenmörder, 52 Kindesmörderinnen) Die Zahl der als Mord qualificirten Tödtungen betrug 442. Die Tabellen für 1870 ergaben 2700 Tödtungsverbrechen (32 El-

Einundzwanzigstes Kapitel.

Die proportionale Gerechtigkeit in Beziehung auf Mord und Todtschlag. — Die Schuldunterschiede im Todschlag nach dem deutschen Strafgesetzbuch. — Todtschlag unter mildernden Umständen. — Der Strafunterschied von Tod für den Mörder und Leben an den Todtschläger läßt sich auf entsprechende Schuldunterschiede nicht begründen. — Mord im englischen und deutschen Strafrecht. — Entwickelung der Tödtungsverbrechen in der deutschen Gesetzgebung und Doktrin auf Grundlage I. der Rechtslehre II. Moralischer III. Psychologischer Unterscheidungsmerkmale. — Unhaltbarkeit der psychologischen Kriterien in der Rechtspflege. — Affekt und Ueberlegung bei vorsätzlichen Tödtungen nicht mit Sicherheit zu unterscheiden. — Was heißt Ueberlegung im Sinne des Gesetzes?

[242] Die menschliche Gerechtigkeit kann, wenn sie Gleiches mit Gleichem vergelten will, nicht umhin, den Grundsatz der Verhältnißmäßigkeit soweit

---

ternmörder, 41 Gattenmörder, 31 Brudermörder, 59 Kindesmörderinnen) mit 377 Mordthaten. Trotz dieser ungeheuer hohen Ziffer herrscht bei den besten Männern und Rechtsgelehrten unbezwinglich Abscheu gegen den Henker. Die Italiener scheinen, bei ihrer lebhaften Empfindung stärker als andere zu fühlen, daß zwischen amtlichem und verbrecherischem Blutvergießen nach Seite der Ueberlegung ein bedeutender Unterschied besteht.

anzuerkennen, daß dem Unterschied in der Schwere der Verbrechen auch der Unterschied in der Schwere der Strafen, soweit dies irgendwie möglich ist, entspreche. Nun ist bereits gezeigt worden, daß der Mord mindestens und höchstens zugleich mit dem Tode bestraft werden soll, daß der Todtschlag hingegen nach dem deutschen Strafgesetzbuch mit mindestens fünfjähriger und höchstens fünfzehnjähriger Zuchthausstrafe bestraft werden soll. Wenn aber bei Begehung des Todtschlages mildernde Umstände vorhanden sind, so ist es dem Richter erlaubt, eine Gefängnißstrafe nicht unter sechs Monaten zu verhängen. Mit einem Worte: die Abstufungen der Schuld in der ohne Ueberlegung ausgeführten Tödtung sind zwischen 60 und 180 Monaten Zuchthaus [243] oder je nach dem Vorhandensein von „mildernden Umständen" zwischen 130 Tagen und 5478 Tagen, welche sich ergeben, wenn man zu fünfzehn Jahren (d. h. 5475 Tage) noch drei Schalttage hinzurechnet. Somit verhielte sich der leichteste Todtschlag zu dem schwersten wie 1:42, je nach der Blutwärme der Schuld, welche der Thermometer der richterlichen Strafzumessung ergeben wird, während der Mord sich selbst immer gleich bleibt. Der schwerste Todtschlag heißt fünfzehn Jahre Zuchthaus mit der bleibenden Aussicht auf Begnadigung, selbst wenn diese auf zehnmal wiederholte Anträge abgeschlagen worden wäre, der geringste Mord heißt Todesstrafe ohne die Möglichkeit der Begnadigung nach jenem Streiche, der die Strafvollstreckung in demselben Augenblicke beginnt und endet.

Das Verbrechen des Mordes und die Todesstrafe

Es ist kaum begreiflich, daß die deutsche Strafrechtsentwickelung und die Gesetzgebung sich bei dem augenblicklich erreichten Schlußresultat der mangelnden Verhältnißmäßigkeit in der Strafe beruhigen und den Satz annehmen konnte, wonach der Unterschied zwischen überlegter Ausführung einer vorsätzlichen Tödtung und nicht überlegter Ausführung sich verhalten kann wie zwischen Todesstrafe einerseits und einer Freiheitsberaubung von 130 Tagen im geringsten Fall und nur 15 Jahren Zuchthaus im schwersten Falle.

Diejenigen, welche meinen, daß der Mord nicht bloß nach göttlicher Vorschrift im mosaischen Recht, sondern nach allgemein menschlicher Nothwendigkeit in Uebereinstimmung mit der an Kain schon vor Moses gerichteten Drohung, mit dem Tode bestraft werden müsse, sind in dem Irrglauben, daß Mord nach den dem Menschen eingeborenen sittlichen Begriffen ein überall bei sämmtlichen Völkern völlig gleiches und in sich selbst ununveränderliches Verbrechen mit leicht zu erkennenden Merkmalen sei. In Wirklichkeit verhält es sich aber so, daß es keiner [244] Rechtswissenschaft und keiner Gesetzgebung der Welt bis jetzt annähernd gelungen ist, ein rechtlich brauchbares Merkmal zu finden, wonach die schwersten (vermeintlich) todeswürdigen Tödtungen von den nächst schwereren, nicht mehr todeswürdigen unterschieden werden könnten.

Man betrachte die culturgeschichtliche Entwickelung des Rechtsbewußtseins und man wird anerkennen, daß der Grundsatz: Leben um Leben nur so lange gelten kann, als man lediglich die objective Thatsache der Lebenszerstörung würdigt, gegentheilig es aber gänzlich unzulässig ist, jenem uralten Satze Unterscheidungen hinterher einfügen zu wollen, welche die Jurisprudenz einiger weniger Staaten auf der zuletzt in der Gegenwart erreichten Entwickelungsstufe hineinzulegen versucht, indem sie sagte: „Leben um Leben" nur dann, wenn eine Tödtung mit Vorsatz und Ueberlegung Statt gehabt hat.

Unter den europäischen Staaten giebt es keine, die in ihrer socialen, politischen, religiösen und wirthschaftlichen Entwickelung so nahe verwandt wären, wie Deutschland und England. Sobald aber das mit dem Fluche der Menschheit beladene Wort des Mordes ausgesprochen wird, hört jede Verständigung unter den Rechtsgelehrten gerade in dem Begriffe des todeswürdigen Verbrechens auf. Ein Zusammentreffen zwischen der englischen und der deutschen Strafrechtslehre kann nur Statt finden in Beziehung auf die denkbar schwersten Fälle des Mordes, aber es ist unmöglich in Beziehung auf die niedere Begrenzung der Mordfälle im Verhältniß zu den fahrlässigen Tödtungen. Eben deswegen ist es unthunlich, die Todeswürdigkeit des Mordes aus einem allgemeinen menschlichen Rechtsbewußtsein herzuleiten.

Vergleicht man hinsichtlich der juristischen Würdigung der [245] Tödtungsfälle England und Deutschland, so ergeben sich folgende Verhältnisse:

1. Eine Klasse von Thatbeständen, die in Deutschland völlig straflos gelassen, in England als Mord bestraft ist, z. B. Beihülfe oder Anstiftung zur Ausführung eines Selbstmordes.

2. Eine andere Klasse von Thatbeständen, in denen nach deutschem Recht kein Verbrechen, sondern ein mit relativ geringer Freiheitsstrafe zu ahndendes Vergehen vorliegt, nach englischem Recht Mord angenommen wird: Tödtung im Zweikampf, fahrlässige Tödtung in der Ausführung eines anderen Verbrechens, Tödtung eines den Tod Begehrenden (§§ 206, 216, 222 des Reichsstrafgesetzbuchs, in welchen theils Festungshaft theils Gefängniß angedroht wird). Wenn in England Mehrere gemeinschaftlich ohne Befugniß jagen, und Einer von ihnen auf eigene Faust den Förster tödtet, so werden sämmtliche Mitjagende, die in Deutschland nur eines Vergehens schuldig sind, Mitthäter am Morde.

3. Eine weitere Klasse von Tödtungen, in denen nach deutschem Recht ein minder schweres Verbrechen vorliegt, nach englischem Recht todeswürdiger Mord angenommen wird: vorsätzliche Körperverletzung, welche den Tod eines Menschen verur-

sacht (§ 226 des Reichsstrafgesetzbuches: Zuchthaus
oder Gefängniß, beides nicht unter drei Jahren) und
Kindesmord, d. h. vorsätzliche Tödtung eines unehelichen Kindes durch die Mutter in oder gleich nach
der Geburt (§ 217 des Reichsstrafgesetzbuches:
Zuchthaus nicht unter drei Jahren, oder, wenn mildernde Umstände vorhanden sind: Gefängniß nicht
unter zwei Jahren).

[246] 4. Eine letzte Klasse endlich von Tödtungen
wird in Deutschland als schweres, theils nach richterlicher Beurtheilung in der Bestrafung zu milderndes,
theils als nicht zu milderndes, keineswegs aber todeswürdiges Verbrechen bedroht, in England als Mord
mit dem Tode bestraft: Todtschlag (§ 212), vorsätzliche Tödtung bei Unternehmung einer strafbaren
Handlung (§ 214: Zuchthaus nicht unter zehn Jahren
oder lebenslängliches Zuchthaus), Todtschlag an
Ascendenten (§ 215: Zuchthaus nicht unter zehn Jahren oder lebenslängliches Zuchthaus).

Die ganze Basis, auf welcher in Deutschland die
Unterscheidung des Mordes und folglich die Rechtfer-
tigung der Todesstrafe beruht, ist somit ein specifi-
sches Product der deutschen Jurisprudenz,
mit welcher die Rechtslehre in Frankreich und Italien
einigermaßen zusammenstimmt. Ein arger Wahn ist
es, wenn Philosophie und Religion von einer allgemein
menschlichen oder göttlichen Grundlage bei Unterscheidung des Mordes reden. Selbst in Frankreich

ist Kindesmord noch ein todeswürdiges Verbrechen geblieben. Dasselbe gilt vom Todtschlag.

England mit seinem common law hat einen viel weiter ausgedehnten Begriff des Mordes, als andere Länder. Nach den besten Autoritäten Englands ist bei Tödtungen ein vollendeter und somit todeswürdiger Mord vorhanden: 1) wenn die Absicht zu tödten bestand, ohne Rücksicht darauf, ob die bestimmt ausersehene Person oder an ihrer Stelle eine andere das Leben verlor. 2) Wenn die Absicht vorlag, ein anderes schweres Verbrechen zu begehen und dieses den Tod eines Menschen zur nicht beabsichtigten Folge hatte (z. B. Brandstiftung). 3) Wenn der Getödtete in nicht tödtlicher Absicht, oder vorsätzlich am Körper verletzt wurde. 4) Wenn eine grobe Rücksichtslosigkeit in der Ausübung irgend eines erlaubten oder unerlaubten Aktes, der lebensgefährlich [247] ist, gegen fremdes Leben verübt wird. 5) Wenn die wohlüberlegte Absicht, mit tödtlichen Waffen zu fechten, bestand. 6) Wenn der Thäter absichtlich gegen die rechtmäßige Verhaftung durch eine obrigkeitlich befugte Person Widerstand leistete. Darauf ob ein neugeborenes Kind oder ein Erwachsener getödtet ward, kommt nichts an. Daß alle diese Verhältnisse bei der Betrachtung der englischen Criminalstatistik gewürdigt werden müssen, liegt auf der Hand.[1]

---

[1] [Anmerkung 96:] M o r d n a c h e n g l i s c h e m R e c h t vergl. m e i n e Nachweisungen im Handbuch des Deutschen Strafrechts III, S. 431. Ferner: Report of the Capital-Punishment-

Commission: Summary of the Evidence upon the Expediency of altering the present definition and of Classifying the crime of murder pag. XIX. Die Stimmen der ersten Juristen gingen völlig auseinander. Hier einige Proben:

1. Lord C r a n w o r t h gegen jede Unterscheidung von Mord und Todtschlag.

2. Baron B r a m w e l l : Affect und Leidenschaft erfordern zu ihrer Hemmung bei Tödtungen die Todesstrafe ebenso sehr, wie Ueberlegung!

3. Baron M a r t i n : Indirecter Mord (Constructive murder) sollte wegfallen.

4. Lord W e n s l e y d a l e : Wegen Mordversuch sollte unter Umständen mit dem Tode bestraft werden, leichtere Mordfälle mit Transportation.

5. Spencer W a l p o l e gegen jede Aenderung mit Ausnahme der Bestimmungen über Kindesmord.

6. G. D e n m a n : Todtschlag kann von Mord nicht getrennt werden, muß also capital bleiben.

7. Sir G e o r g e G r e y : Für die amerikanische Unterscheidung in Mord ersten und zweiten Grades.

8. Fitzjames S t e p h e n , Für die Annahme des von ihm in das indische Strafgesetzbuch gebrachten Definitum.

Die Aussage von Stephen, die sich auf eine Reihe von Mordfällen aus der engl. Praxis stützt, ist sehr beachtenswerth. Trotz der ungeheuren Ausdehnung, den der Begriff des Mordes in England erlangt hat, spricht er doch von cases, hovering between murder and manslaughter. Eine von Stephen verfaßte Homicide Law Amendment Bill wurde 1874 ins Parlament gebracht und ist Gegenstand eines besonderen Berichtes geworden. (Ordered by The House of Commons to he printed 21. July 1874.) Gleichzeitig damit wurde eine Infanticide Bill eingebracht. Aus Angst vor den Consequenzen partieller Modificationsversuche hat das Committee gegen die Bill berichtet. Merkwürdig ist aber das Anerkenntniß, daß g e g e n w ä r t i g in England eigentlich Niemand genau weiß, was Mord ist: Your com-

Das Verbrechen des Mordes und die Todesstrafe

Ein Parlamentsbericht, der sich auf die Abänderung des Mordbegriffes bezieht und 1874 gedruckt wurde, nennt die gegenwärtig für den Mord geltenden Bestimmungen völlig willkürlich und sophistisch.

Die deutsche Rechtsentwickelung hat seit dem XVI. Jahrhundert eine ganz andere Entwickelung genommen; immer aber bestand bis zu Anfang des gegenwärtigen Jahrhunderts darin Uebereinstimmung, daß alle vorsätzlichen Tödtungen als todeswürdig galten und lediglich mit Rücksicht auf die Art der Hinrichtung eine Verschiedenheit zugelassen wurde. Seitdem ist der Gang der weiteren Fortbildung dahin gerathen, innerhalb der vorsätzlichen Tödtungen eine Reihe von rechtlichen, psychologischen und moralischen Erwägungen zum Ausdruck zu bringen und in Gemäßheit ihrer die Strafbarkeit abzustufen,

I. Als rechtliche Erwägungen für die gesetzgeberische Beurtheilung vorsätzlicher Tödtungen sind anerkannt: die Bestimmungen über die Straflosigkeit des Selbstmordversuchs und der Beihülfe zum Selbst-

---

mittee earnestly recommend, that the attention of the Government and of Parliament should be directed to the present imperfect state of the definition of the law of Murder — they are convinced, that such a definition is urgently needed, not only to rescue the law from its present discreditable state, but to give clear notions to the public at large of the real nature and extent of this crime — it is on this very occasion, that the law is most evasive and most sophistical.

morde und über die mildere Bestrafung des im gerechten (d. h. vom Erschlagenen rechtswidrig hervorgerufenen) Zorn bewirkten Todtschlags, welcher ursprünglich gleichfalls todeswürdig war, gegenwärtig aber auch in England der fahrlässigen Tödtung
gleichstehend erachtet wird.[1] Rechtlich begründet
ist in Deutschland auch die schwerere Strafe desjenigen, welcher bei Unternehmung [248] eines anderen
strafbaren Thatbestandes zur Tödtung schreitet und
endlich die Hervorhebung der auf Begehren des Getödteten vollzogenen Tödtung als eines milderen Falles. Alle in diesen Fällen ausgezeichneten
Umstände sind durch ein strenges Beweis-
verfahren nachweisbar.

II. Auf moralischen Erwägungen beruht: die Aus-
scheidung des Kindesmordes aus der Klasse der
todeswürdigen Verbrechen. Wenngleich dabei auch
der Seelenzustand einer unehelichen Mutter gewürdigt
werden muß, so ist doch als entscheidender Grund,
über alle anderen emporragend, die Rücksicht auf das
Motiv der Tödtung, nämlich Bewahrung der weibli-
chen Geschlechtsehre, gerade so wirksam gewesen wie
bei der Anerkennung der im Zweikampf geäußerten

---

[1] [Anmerkung 97:] Tödtung im gerechten Zorn. Das
englische Recht ist auch hier strenger, als das deutsche, in
sofern jenes Provocation des Todtschlägers durch Thätlichkeiten verlangt, wörtliche Beleidigung also nicht genügt. — Eine
neue Monographie liefert D. Feroci, Dell' omicidio scusato per
giusto dolore. Pisa 1872.

Motive, deren Besonderheit wiederum weder das alte gemeine deutsche Recht, noch das französische Strafgesetzbuch, noch auch das englische common law zugesteht. Moralische Erwägungen waren es, welche dahin gedrängt haben, bei dem Verbrechen des Todtschlags auch in Deutschland, abweichend von England, mildernde Umstände zuzulassen. Vom Standpunkt der technischen Jurisprudenz ist es sehr wohl begreiflich, daß bis jetzt die überwiegende Mehrzahl der englischen Richter sich dagegen sträubte, die specifische Verschiedenheit des Kindesmordes anzuerkennen. Selbst dem fein entwickelten Rechtsgefühl der Römer war eine solche Unterscheidung fremd. Und sicherlich ist der Jurist berechtigt zu fragen: Wenn einmal die Motive, die dem sittlichen Gebiete angehören, Unterschied bildend in die strafrechtlichen Normen eingreifen, ist es dann gerechtfertigt, bei dem einen Falle des Kindesmordes stehen zu bleiben? Oder muß nicht vielmehr versucht werden, das gesammte Strafrechts zumal aber sämmtliche Tödtungsfälle, mit Rücksicht auf den moralischen Werth der dabei betheiligten Beweggründe einer Umgestaltung zu unterziehen? — Wie im Kindesmord das moralische [249] Motiv soviel wirkt, daß bei uns in Deutschland der Grundcharakter des Verbrechens völlig verändert wird, so hat man ihm in entgegengesetzter Richtung eine Bedeutung bei der Tödtung von Ascendenten zuerkannt, insofern als diese, der Regel entgegen, ohne Zulassung mildernder Umstände, wegen der darin liegenden Impietät nach dem deutschen

Strafgesetzbuch überall mit lebenswieriger Zuchthausstrafe bestraft werden soll.

III. Auf psychologischen Erwägungen beruht der in Deutschland herrschend gewordene Begriff
der Ueberlegung als des für das Verbrechen des Mordes entscheidenden Merkmales. Im Gegensatz dazu ist
der nicht todeswürdige Todtschlag definirt worden:

entweder als vorsätzliche Tödtung in der Leidenschaft und Aufwallung des Blutes dergestalt, daß alle
Fälle, in denen das Vorhandensein von Zorn und Leidenschaft nicht nachgewiesen werden konnte, als
Mord anzusehen waren;

oder als vorsätzliche, jedoch ohne Ueberlegung
ausgeführte Tödtung, dergestalt, daß alle Fälle, in denen das Vorhandensein von Ueberlegung nicht dargethan werden kann, als Todtschlag anzusehen sind.

Beide Definitionen werden also in dem einen
Punkte übereinstimmen, daß die auf dem Gebiete der
Psychologie unüberwindlichen Beweisschwierigkeiten
— und welche Fragen wären schwieriger, als die psychologischen — das Ergebniß haben müssen, entweder eine ungerechter Todesstrafe wegen mißlingenden
Entlastungsbeweises oder eine ungerechte Nichtan-
wendung der Todesstrafe im Falle mißlingenden An-
schuldigungsbeweises herbeizuführen.

Aufmerksamere Beobachtung muß dahin führen,
die Gegenüberstellung von Ueberlegung und Affekt
als einfacher, Tod und Leben des Verbrechers bedin-

gender Gegensätze vom juristischen Standpunkt zu verwerfen. Es ist, wie man in England [250] — mit Recht annimmt, nicht haltbar, durch jede Art von Affekt jedes Minimum von Ueberlegung ausgeschlossen zu wähnen. Im Gegentheil schließt die Mehrzahl der Affekte sogar eine gewisse Ueberlegung in sich. Dies ist überall da der Fall, wo jemand mit der periodischen Wiederkehr leidenschaftlicher Erregungen in seiner Person bekannt geworden ist und außerdem weiß, wie sich seine Leidenschaften gegen andere Menschen zu äußern pflegen, Trinker von Beruf, die wenig vertragen können, Eifersüchtige und Zornmüthige, welche genau wissen, wie sie sich im Zustande der Leidenschaft verhalten und welche Gefahren dadurch für andere entstehen, handeln mit Ueberlegung, wenn sie Gelegenheiten, Anreize und Personen aufsuchen, von denen sie wissen, daß sie geeignet sind, ihre Leidenschaften in Thätigkeit zu setzen und von denen sie in der That wünschen und erwarten, daß sie jenen verhängnißvollen Anreiz ausüben möchten. Man darf sich als psychologische Regel für den Affekt in der Gerichtspraxis nur nicht jene Fälle vorstellen, in denen der Thäter gleichsam an den Gränzpfosten einer an Unzurechnungsfähigkeit gränzenden Wuth angelangt ist.

Ebenso irrig ist es, zu glauben, daß die „Ueberlegung" (Prämeditation) das Vorhandensein von Affekten und leidenschaftlichen Erregungen völlig ausschließen müsse. Wenn man auf die psychologischen

Bestandtheile des in Tödtungen hervortretenden schuldhaften Willens sehen will, so würden sich mit größerem Rechte drei Gruppen von Verbrechen unterscheiden lassen: solche, welche im Affekt ohne Ueberlegung verübt werden, zweitens solche, die mit voller Ueberlegung ohne Hinzutreten irgend eines Affektes verübt werden und solche, welche sowohl mit Ueberlegung, als auch mit Affekt verübt werden.

Gerade die Klasse, in welcher ein gewisses Maß von Affekt und bestimmte krankhafte Regungen mit der „Ueberlegung der [251] That" verschmolzen sind, erscheint als die weitaus zahlreichste im wirklichen Leben, innerhalb welcher alsdann wiederum die mannigfachsten Schattierungen möglich sind, je nachdem die Mischungsverhältnisse von Affekt und Ueberlegung sich verändern.

Anscheinend klar und einfach sind die polaren Erscheinungen eines in eisiger Kälte berechneten Mordes und eines in der tropischen Siedehitze des Zornes verübten Todtschlages. Wenn diese Erscheinungsformen im Tödtungsverbrechen die regelmäßigen wären, so würde freilich der psychologische Unterschied von Ueberlegung und Affekt mit den moralischen Werthbestimmungen der Motive nahezu zusammenfallen. In Wirklichkeit sind aber jene polaren Höhen und Tiefen in der Schuld des menschlichen Willens sehr selten vorhanden und wir stehen vielmehr überall vor einer Schwierigkeit, die nahezu unüberwindlich bleiben dürfte und jedenfalls in diesem Augenblicke unüberwindlich ist: nämlich die Uebergänge zwischen Ueberlegung und Affekt herauszufinden. Diese gleichen in der That den Alpenpässen und den Saumpfaden, auf denen die Wanderer, ohne eine kundige Führung, jeden Augenblick in Lebensgefahr versetzt werden. Einmal in den Klüften und Schluchten angelangt, sieht er sich von jenem Gefühl des Vertrauens verlassen, mit dem er im Anfange seiner Bergwanderung mit freiem Blicke noch den Ausgang zu finden vermeinte.

Die Hauptmasse aller vorsätzlichen Tödtungen beruht auf einem Gemisch von Affekten und Ueberlegung, bei dessen processualischen Würdigung alsdann jenes dem menschlichen Auge oft unerkennbare Mehr oder Weniger entscheiden muß. Nicht blos die Geschworenem sondern auch gelehrte Richter folgen hier lediglich ihrem Gefühl und dem oft unhaltbaren Vertrauen auf die äußere Erscheinung der verbrecherischen Persönlichkeit, wie sie sich nach den Akten des Voruntersuchungsrichters oder nach ihrem Auftreten in der mündlichen Verhandlung auf der Anklagebank [252] darstellt. Sie bedenken selten, daß für jeden Menschenkenner der in die tieferen Geheimnisse des Seelenlebens herabsteigt, außer den allgemein wissenschaftlichen Wegweisern, welche die Erfahrung errichtet hat, noch eine Reihe von Vorfragen für jeden einzelnen Menschen gestellt werden müßte: z. B. ob die äußere Erscheinung dieses bestimmten Individuums überall seine innere Welt wiederspiegelt, ob ein von tiefen Leidenschaften zerrissenes Gemüthsleben nicht bei diesem Manne mit einer angewöhnten Ruhe des äußeren Benehmens und einer würdevollem Haltung vereinigt sein kann, ob ein berechnender Bösewicht nicht heute noch ebenso gut Affekte heucheln kann, wie König Richard III., der die Wittwe eines von ihm gemordeten Königs mit Liebesversicherungen bethörte!

Wenn man auf Grund der in der Gerichtspraxis hervortretenden Erscheinungen keinen Augenblick leugnen kann, daß zwischen mindergradiger Ueberlegung unter dem Gefrierpunkt der Gefühle und der hochgradigen Leidenschaft eben so zahlreiche Uebergänge existiren, wie auf der Scala eines Thermometer zwischen Eispunkt und Siedepunkt, und ferner, daß gerade das Gebiet einer gleichsam aus Affekt und Ueberlegung gemischten und gemäßigten Temperaturzone das ausgedehnteste ist, so muß auch zugegeben werden, daß den Uebergängen zwischen Mord und Todtschlag jener gewaltige Sprung von der Todesstrafe zu einer theils langjährigem theils sogar kurzzeitigen Freiheitsstrafe in keiner Weise entspricht. Die wirkliche Rechtsschuld ist oft im Todtschlag größer, im Morde geringer, als dies nach dem jetzt vorhandenen Strafrecht durch den Richter ausgedrückt werden kann, und die Todesstrafe verletzt in ihrer gegenwärtigen zur Freiheitsstrafe abfallenden Kirchthurmshöhe sowohl die proportionale Gerechtigkeit gegen den sog. Mörder, als auch gegen den sog. Todtschläger.

Schwerlich läßt sich die Richtigkeit folgender Schlußfolgerung bestreiten:

[253] 1) Entweder ist der Unterschied von Ueberlegung und Affekt ein so fundamentaler, daß bei dem schwersten Verbrechen das Recht über Tod und Leben daraus begründet worden ist — weswegen unterlaßt Ihr es denn, diesen fundamentalen Unterschied der Strafrechtspflege überhaupt zu Grunde zu legen, und bei allen wichtigeren Strafthaten durchzuführen? Weswegen wird bei dem Verbrechen des Kindesmordes oder der im Duell begangenen Tödtungen nicht zwischen Ueberlegung und Affekt unterschieden? Und wenn Ihr glaubt, daß dieser fundamentale Unterschied nur vom Richter mittelst des relativen Strafmaßes gewürdigt werden kann, weswegen bringt Ihr die vorsätzlichen Tödtungen nicht gleichfalls unter die Herrschaft eines relativ nach Maximum und Minimum bestimmten Gesetzes?

2) Oder der Unterschied zwischen Ueberlegung und Affekt ist nicht fundamental. Dann hättet Ihr ihn auch bei den vorsätzlichen Tödtungen nicht als willkürliche Singularität brauchen sollen. Vielleicht ist dieser Unterschied nichts anderes, als jenes unbestimmbare und geheimnißvolle Etwas, das in der land-

läufigen Strafrechtssprache in dem Gegensätze von mildernden und nicht mildernden Umständen ausgedrückt ist.[1] Darnach wäre der eigentliche Text des Strafgesetzbuchs in harmonischer Weise anders auszudrücken gewesen, etwa wie folgt: „Wer vorsätzlich einen Menschen tödtet, wird wegen Mordes mit dem Tode bestraft. In minder schweren Fällen tritt an Stelle der Todesstrafe Zuchthaus nicht unter fünf Jahren ein. Sind mildernde Umstände vorhanden, so tritt Gefängnißstrafe nicht unter sechs Monaten ein." — Mit einer solchen Fassung wäre dann dasselbe, was die §§ 211—213 unseres Strafgesetzbuchs besagen, und zwar in einer für die Rechtspraxis sehr vortheilhaften Weise in juristisch klarer Weise ausgesprochen.

---

[1] [Anmerkung 98:] M i l d e r n d e U m s t ä n d e. Außerordentlich getheilt ist selbst unter solchen, welche die absolute Androhung der Todesstrafe verwerfen, die Würdigung der den Geschworenen zustehenden Befugniß, mildernde Umstände bei todeswürdigen Verbrechen zu erklären. Wie J o h n in Deutschland, so ist Carrara in Italien besonders nachdrücklich gegen das den Geschworenen zustehende Milderungsrecht aufgetreten. (S. dessen Abhandl. in den Schriften des italienischen Juristentages, S. 105ff.): "Il più irragionevole che potessi idearsi perche impedisce sempre al popolo la conoscenza del gran dilemma se siasi amministrata od usata pietà. — Auch die große Mehrzahl der von der Engl. Capital-Punishment-Commission 1865 vernommenen Zeugen war dagegen, obgleich sie theilweise für ein richterliches Milderungsrecht stimmten. (S. Summary of the Evidence p. XXX ff.)

Das Verbrechen des Mordes und die Todesstrafe

[254] Die Unhaltbarkeit des Unterschiedes in der Strafbarkeitsstufe von Todesstrafe und zeitiger Freiheitsstrafe wird gleichsam durch einen logischen Kunstgriff verdeckt, der in der anscheinend einfachen Antithese liegt: mit Ueberlegung einerseits, ohne Ueberlegung andererseits. Was scheint überzeugender als dies Entweder mit, oder ohne! Jene Fragestellung: ob Tödtungen mit oder ohne Ueberlegung ausgeführt worden, ist aber grundsätzlich falsch, weil sich die thatsächlich zwischen beiden psychologischen Endpunkten der Ueberlegung und des Affektes liegende Mittelklasse auf logischem Wege nicht beseitigen läßt. Ueberdies ist jene Fragestellung für den Rechtszweck gefährlich, denn sie kann zu dem zu dem bedenklichen Wahne führen, als ob der im Affekt handelnde, damit er einer milderen Strafe theilhaftig werde, nothwendig ohne jegliche Ueberlegung gehandelt haben müßte, was nicht einmal die peinliche Halsgerichtsordnung im Jahre 1532 verlangt hat. Die Unhaltbarkeit des die Todesstrafe stützenden Unterschiedes von Ueberlegung und Nichtüberlegung des Vorsatzes ergiebt sich daraus, daß es weder der Gesetzgebung noch der Wissenschaft gelungen ist, eine irgendwie brauchbare Definition von „Ueberlegung" zu geben.

Von vornherein wäre es gewiß Sache der Gesetzgebung, wo es sich um Tod und Leben handelt, das alles entscheidende Wort zu erläutern. Um so natürlicher wäre diese Pflicht, als das Gesetz in der absolut

bestimmten Todesstrafe dem Richter eine Gewis-
senspein aufnötigt, wenn diese Strafe auf ein völlig
arbiträres Moment der subjectiven Verschuldung
angewendet werden soll. Kein geringer Widerspruch in
unserer Strafgesetzgebung ist es, zu sagen: absolute
Strafe und daneben arbiträr dem Richter anheimge-
gebene Empfindung dessen, was sich auf psycholo-
gischem Gebiet etwa „wie Ueberlegung" an-
fühlt! In Frankreich hat der code pénal in England
das common law [255] bestimmte Definitionen der
Ueberlegung oder der in England zum Morde nothwendigen vorbedachten Bosheit (malice prepense,
malice aforethought) mit legaler Wirkung aufzustellen
gesucht. Es zeigt sich jedoch, daß dieser Begriff „der
vorbedachten Bosheit" von den Richtern in den
an die Geschworenen gerichteten Rechtsbelehrungen
verschiedenartig erläutert wird, denn es läßt sich nicht
verhindern, daß die Definition des Gesetzes hin-
wiederum ein Gegenstand der Interpretation wird.
Dieselbe Erfahrung kehrt in Nordamerikanischen
Staaten wieder, wo man Mord ersten und zweiten
Grades unterschieden hat.

VERWANDTE BÜCHER
BEI LIBERA MEDIA

- **Richard John:** Über die Todesstrafe

- **Franz von Holtzendorff:** Das Verbrechen des Mordes und die Todesstrafe

- **Franz von Holtzendorff:** Die Auslieferung der Verbrecher und das Asylrecht

- **Franz von Holtzendorff:** Die Verbesserungen in der gesellschaftlichen und wirthschaftlichen Stellung der Frauen

- **Franz von Holtzendorff:** Richard Cobden

- **Franz von Holtzendorff:** Die Idee des ewigen Völkerfriedens

Weitere Titel finden Sie auf unserer Website unter:

http://libera-media.de